Gorch Fock
Hein Godenwind.
Der Admiral von Moskitonien.

SEVERUS Verlag

ISBN: 978-3-95801-626-2
Druck: SEVERUS Verlag, 2017
Nachdruck der Originalausgabe von 1916
Coverbild: www.pixabay.com

Satz und Lektorat: Lea Röseler

Der SEVERUS Verlag ist ein Imprint der Diplomica Verlag GmbH.
Bibliografische Information der Deutschen Nationalbibliothek:
Die Deutsche Nationalbibliothek verzeichnet diese Publikation in der Deutschen Nationalbibliografie; detaillierte bibliografische Daten sind im Internet über http://dnb.d-nb.de abrufbar.

© SEVERUS Verlag, 2017
http://www.severus-verlag.de
Printed in Germany
Alle Rechte vorbehalten.
Der SEVERUS Verlag übernimmt keine juristische Verantwortung oder irgendeine Haftung für evtl. fehlerhafte Angaben und deren Folgen.

Gorch Fock

Hein Godenwind
Der Admiral von Moskitonien

MIX
Papier aus verantwortungsvollen Quellen
Paper from responsible sources
FSC® C105338

Inhalt

Vorop: Hamborg de Boos! 5
Tweetens: Schipp op den Dreugen! 7
Drüttens: De Reis no den Altnoer Dom 14
Veertens: Schipp in Sicht! 25
Foftens: Consulado general de Mosquito 27
Soßtens: Hein grippt dree Präsidenten 31
Söftens: Jalk ahoi! 36
Achtens: Nordnordwest – an Bord op best! 42
Negtens: Rut mit de Olsch in de Freuhjohrsluft! 50
Teitens: De Krieg mit de Wanzen 59
Olftens: Schipp god versekern! 64
Twolftens: Dat Schipp kriegt Ballast! 73
Dorteitens: Achtert Swiensand 77
Veerteitens: De beiden Hohns 82
Fofteitens: Soltwoter umt Schipp! 88
Soßteitens: No See hen! 94
Söfteitens: Mit Kors op Moskitonien! 97
Achteitens: Storm op See! 104
Negteitens: Schipp in Not! 110
Twintigstens: No den Storm 114
Achterop: Hein Godenwind un Gorch Fock 118

*Sorgen wir, daß das Lachen nicht
aus der Welt gehe! Sorgen wir,
daß mehr Lachen in die Welt komme!*

Rosa Elisabeth
to Eegen

Ich müßte keine Schiffahrt kennen:
Krieg, Handel und Piraterie,
Dreieinig sind sie, nicht zu trennen.
FAUST

Vorop: Hamborg de Boos!

Sommerdag weurt, Sünndag weurt un Scheunwedder weurt ok.
Hamborg harrt bannig mooi un weur Boos op all de Hellgen. De Hamborgers harrn dat so hild as de Finkwarder Fischers in de Schullntied oder as de Veerlanner Burn in de Eerbeertied oder as de Jungens von St. Pauli in de Domtied: se steeken jemehr Nees in jeden Pott, de twüschen Lübeck un Bremen to Für kreegen weur, un keeken öber jeden Tun, de twüschen Ülzen un Husum in Sicht keem.
Jem heur de Elw von Launborg bet hendol no dat Buten-Fürschipp, dat op den halben Weg no Helchland to Draggen licht, jem heur de Nordsee von Röm bet Borkum, de Ostsee von Warnmünn bet rop no de Flensborger Föhr.
Jem heurn de Dieken von Veerlannen bet Ditmarschen, de Bargen von Geesthacht bet Schulau, de Heiden von Lünborg bet Bremervör. De Sassenwohld heur jem liek god as de Bickbeernsweiz. Jem heurn de Knicken un Redders von ganz Holsteen, jem heurn de Alster, Est, Lüh, Stör, Ost un Eider.
Op dat Moor jogen se de Kiwitten op, op de Geest de Hosen, op de Watten de Meuwen, op de Dieken de Ossen, op de Heid de Snucken, op de Dörper de Fleegenweerten un Kellners: de opt meist: de Rocksniepels flogen man so hen und her, as wenn se een Taifun to öberstohn harrn.
Hamborgers allerwärts! To Wittenbargen legen se nokt bi de groten witten Fürtorns, to Wedel högen se sik öber den dicken utstoppten Seeräuber, den Roland, op den Süllbarg und bi Kreuger petten se een af, jümmer links um den Pieler, bi Hogenbeck leeten se sik de Elefan-

tenküken wiesen, in Mölln stunnen se vor Uhlnspiegel sien Graffsteen still, op de Peut sehn se Miß Elvira ut Barmbek mit ehrn Luftballong opstiegen, to Büsen sochen se Tjark Dusenscheun sien Wustfobrik no, in Radbrook kloppen se bi Vadder Ast ant Finster un melln sik vor de neuchste Spreekstunn an, op Finkwarder leeten se sik de dreuchten Scharben smecken, in Bardowiek freugen se driest mol, wat de Bull moken dä, un in Buxthud gungen se sogor mol bi den verdübelten Smid vor, ober: *hony soit qui mal y pense!*

All dat Land un all dat Woter, mit Hüs un Scheep, mit Bäum un Seils, mit Dieken und Dünungen, nehmen se mit getrosten Sinn un breete Ellbogen in Hür und Pacht un brochen Larm un Gesang, Lachen un Leben un Geld unner de Lüd un in de Dörper. Allerwärts harrn se dat Seggen.

Hamborg weur Boos.

Tweetens: Schipp op den Dreugen!

Hein Godenwind, de grote Admirol von Moskitonien, weur all lang op, he harr all butenbords swemmt un dükert as son wille Ont un seet nu tofreeden un geruhig in sien Kojüt, so wiet een bi Hein öberhaupt von »geruhig« snacken kunn. He harr dat Scheinleit open mokt, dat de Sünn em dreugen un de Wind em kämmen kunn, un keek öbert Woter no dat Land, dat Süd ton Osten in Sicht weur.

Sien beiden Lüd, de Stürmann un de Seilmoker, seeten bi em in de Kojüt.

De Stürmann weur iwerig dorbi, een lütt Vullschipp optotokeln, de Seilmoker ober harr sien ol Harmoniko op den Schot un speel ganz sinnig, (Sünndogs speel he jümmer veel sinniger as in de Week) speel dütsche, ingelsche un norrsche Janmooten-Leeder.

Hein Godenwind sien Kojüt weur all mehr son Museum for Novigotschon und son Institut for Meereskunde, so vullstoppt un vullproppt weur se von allerhand Krom un Gedrief. Von utstoppte Seevogels, Seedübels, Seespinnen un fleegen Fisch hungen, stunnen un bummeln dor so veel rum, dat se gornich mehr to telln weurn. Un twüschen all de lütten Scheep, de Schuners un Barken un Vullscheep un Dschunken un Ewers in Glaskassens un Buddels kunn ok keeneen mehr dorchfinnen, dat weur bloß noch mit de Flottenporod von Spithead to vergliken. Muscheln un Korallen so veel as Umlauff in sien beiden Lodens hett. Un merden twüschen allerhand Hoben-, See- un Schippsbiller von de ganze Welt hung Hein Godenwind sien ole moskitonsche Admirolsflagg stief von de Wand dol, as wenn se von Wind un Wedder nix mehr weeten wull.

Vont Steenheuft röber keem bat Pingeln von de Strotenbohnen un mitunner tut mol een greunen Damper. De Seilmoker geef dat Harmonikospeelen no, berok de Luft, de int open Finster rinweih, un sä: »Jüst son Wedder as Dreeunfoftig!«

De Stürmann, de grob bi de Fockroh to laschen weur, sä ohn optokieken: »Dreeunfoftig, as Hamborg opfluckert is?«

De Admirol spee ut dat Finster un dreep een Meuw, de langsom öber dat Herrlichkeitenfleet henseil, doch so god op de Flunken, dat se nich mehr fleegen kunn un batz to Woter gohn muß. Denn dreih he sik um un reep: »Stürmann, du wullt Hamborger Jung speeln un weest nich, dat de Hamborger Brand Tweeunveertig west is?« »Och, wat dat anbelangt, wi hefft noch jedes Johr een Brand in Hamborg hatt.« »Du vullicht, Stürmann, du kannst jo nich mit Grog umgohn, ober wi nich! Seilmoker, wat weur denn Dreeunfoftig los?«

De Seilmoker löhn sik noch mehr no vorn, as wenn he allns sehn kunn, un sä: »Do legen wi vor Bremerhoben mit de erste dütsche Kriegsflott, Hein, un op son feinen Morgen as nu keem Hannibol öber de Wesser un verklopp dat ganze Dütschland tor See.«

»Dor wöllt wi uns op besinnen, wenn wi anner Week den groten Man-of-war aflopen lot bi Blohm un Voß«, reep Hein Admirol un sleug mit de Fust op de Finsterbank, dat dat ganze Hus wackeln dä. »Stürmann, Zeppelin mutt ok noch Antword op sien fründlichen Breef hebben: schrief em, dat dat in de ersten twolf Dog keen Storm gifft, un he kunn getrost mit sien Luftschipp no Hamborg rop susen. Seilmoker?«

»Un Brommy keem an Bord, hol sien Admirolsflagg dol, leet uns op Deck antreden un sä: mit Dütschland wör dat ut un wi kunnen don un loten, wat wi wullen. Wieder kunn de Admirol nix seggen, he stunn noch een Ogenblick, as wenn he noch wat op den Harten harr: do dreih he sik kort um un gung mit sien Flagg in de Kojüt rin.«

»Jo, dat weur ok een fixen Kerl!«, reep Hein Godenwind.

»He hett nich lang mehr leeft, Hein, dat mutt em doch bannig noh gohn sien.«

»Mi is dat ok nich ton Lachen west, als se mi in Moskitonien afsett hefft«, sä Hein Godenwind, »man dot argern do ik mi doröber noch lang nich. Ober so as Brommy to Hammelwarden in de Eer licht, in sien Admirolsflagg indreiht, so söllt ji dat mit mi ok mol moken! Seilmoker, heft heurt? Du leefst gewiß länger as wi annern beiden… Wenn ik nich op Grund von de See to liggen kom: mi licht int Blot, as wennt nochmol no buten gung… De Keden, mit de se mi mol Arms un Been verziert hefft, heff ik nich mitkreegen: anners kunn ik dat ok jo as Klumbumbus holln un mien Keden mit in den Sarg nehmen.«

No een lütten geruhigen Ogenblick fung de Stürmann an: »Jüst son Wedder as Fiefunsöbentig bi Kop Horn!«

»Bi Kop Horn?«, freug de Admirol, »dor hett dat doch so bannig weiht, meen ik. Achtuntwintig ingelsche, negentein norrsche, twolf franzeusche, söben dütsche un fief amerikonsche Scheep weurn jo woll mit Moot un Rott bleben un bloß du mit dien Regina heft den Storm afholln.«

»Dat weur doch Eenunachtzig, Hein«, reep de Stürmann, »in de Johrn verbiesterst du doch ok jümmer. Fiefunsöbentig weur dat bi Kop Horn so mooi: jeden Dag ok doch Sünnschien un Ostenwind un nachts sternklor un dorbi doch keen beten kolt. Mien Janmooten hefft an Deck slopen, kann ik di flüstern. In acht Dog, Hein, in acht Dog weurn wi rum un keen eenzig Mol in de Masten west.«

»Junge, Junge!«, reep de Admirol, »ik will di mol wat seggen: wenn de Boxers in de Flora klor sünd, denn will Sohlmann dor een internotschonol *Wettlegen* moken! Stürmann, dor mell ik di an un du sallst sehn, du kriegst den ersten Pries fot. Du kannst jo ganz gräsig legen!«

»Denn droffst du di ober nich mit anmelln, Hein, anners könt wi man all inpacken«, sä de Stürmann un braß de Bram noch een beten mehr.

Von Lögen much de Seilmoker nix heurn, dorum freug he: »Sall ik mol wedder La Poloma speeln, Hein?«

»Ne«, sä Hein, »lot de Palmona man unnerwegens, wi hefft jo noch Botter. Sett dien Matrosenpioninoforte öberhaupt man mol int Dock, mok dien Schroper klor un speel man mol Putzbütel.«

Do stunn de Seilmoker op un mok sien Mest scharp. Un seep den Admirol deftig in. »Seilmoker«, lach Hein, den dat ketteln dä, »weest noch, in de Fonsekobai? Du harrst mi ok jüst so inseept: do keemen mit eenmol de söben Orlogers von Kostarika um de Huk dampt un fungen een Ballern un Scheeten an, as wenn se ganz Ameriko in Brand setten wulln. Do leet ik ober een Signol opholn: Hein Godenwind lett sik jüst rosiern un wenn de Scheeteree nich solang nobliffft, denn geiht jo dat slecht! Son Signol weur de rieken Kösters noch nich vorkomen: se geben dat Ballern gau no un von all de Brüggen keeken se mit de

Kiekers, wo wiet du all weurst, Seilmoker! Weest noch? Un noher hefft wi jem ton Dank ornlich dat Fell versohlt!«

»Nu lot dat Snotern man no«, schull de Seilmoker, »anners kriegt wi noch Hoveree!« Un he fung an to rosiern, as wenn he een ole Korvett von 1848 aftoschropen harr.

Do gung de Dör open un keen pliert um de Eck? Anna Susanna Butendiek! »Deern, kumm rin, dat wi Beseuk kriegt!«, reep Hein Admirol. Se dät ober nich. »Hein, kannst du nich mol eben röber komen?« »Op den Stutz nich, mien Deern: ik sitt hier jo unnert Mest! Wat is de Matter denn?« »Och, dat segg ik di buten, Hein!« »Anna Susanna, wi sünd beid lang ut den Snieder un du wullt noch een Schäperstündken mit mi achter de Kökendör riskeern?« »Och, Hein, no son Krom steiht mi gor nich de Kopp.« »Halloh, du lettst dien Seils jo bannig hangen! Seilmoker, snie mi nich de Nees af! Anna Susanna, vertell man gern: wi hier könt alltohopen swiegen as dode Stint!«

Anna Susanna mok de Dör achter sik to un sä: »Och, Hein Godenwind, de Viez is wedder dor!« »Viez? Wedder dor?«, freug Hein, »wat forn Viez? De Viezkonsul von San Soltwoter oder de Viezkeunig von Ägipten? Seilmoker, du hest mi eben een Stück vont Ohr sobelt: nu snie mi von dat anner Ohr ok man jüst son Lappen af, heurst? Dat ick wenigstens dat Gliekgewicht holln kann. Wat forn Viez?«

»Hein, von wegen de Miete doch«, jaul Anna Susanna.

»Dat kann ik mi nich denken«, sä Hein, »de Mann ward doch woll so anstännig sien un op een Sünndagmorgen eben vor de Karktied nich mohnen! Denn mok de Kerl sik jo sogor stroffällig. Seilmoker, täterwiert bün ik all, hier: op jeden Arm twee Ankers un twee Flaggen: dor brukst du nich mehr for to sorgen! Kriegt he denn öberhaupt noch Miete, Anna Susanna?«

»Hein, dat weest du doch: negen Moond. Nu sitt he in de Kök un secht: he steiht nich eher op, bet he sien Geld hett.«

»Hett he sik denn ok rieklich *Proverjant* mitbrocht, dat he hier Karantien liggen kann?«, freug Hein un lach.

Do fung Anna Susanna meist an to schreen: »De Husweert will nich mehr teuben un wenn ik binnen dree Dog nich betohlt heff, denn söllt wi an de frische Luft sett warrn!«

»Kiek an: ein Ultimatum!«, sä Hein.

»Ik arme Froo, wat mutt ik anlopen! Twintig Johr wohn ik hier in düt Hus un mutt nu sowat beleben! Wat sall ik bloß mit den Mann anfangen un wat sall ik dat Geld kriegen?«

»Seilmoker, wöllt utscheiden«, sä Hein un stunn op. »Ik will den Mann ut Lurup mol gau den Anker hieven! Kumm, Anna Susanna, wöllt uns den lütten Moskiter mol ankieken!«

In de Kök gung de Viez argerlich hen un her. As he Hein seh, wull he gliek anfangen to preestern un to schelln, ober Hein drück em mit Dunkraft op een Stohl dol un sä: »Nich den Fotbodden so afpetten, mien gode Mann: de Stürmann un ik hefft em erst vorrig Moond labsalwt!« Do fung ober Mandus Meier von de Miete an to snacken un heul gor nich wedder op: he dach, dat Hein Godenwind soveel Geld as Hau harr un meen dat slau antofangen, wenn he sik op de Achterbeen setten dä: denn *muß* de Admirol doch for sien Loschimudder berappen!

»De Miete ward betohlt«, sä Hein, »ober nich op den Sünndag!«

»Dat kann jedereen seggen!«

»Dat secht Hein Godenwind, de Admirol von Moskitonien«, reep Hein.

»He sull man leeber betohln«, sä de Viez, de wiesen Wind kreeg.

»Junge! As ik noch den Orlog von Moskitonien to kummandeern harr, do bummel ik son Lüd as du büst eenfach an de Grotroh von mien Almiranta un leet jem dor spaddeln! Hier mutt ik dat geruhiger angohn loten! Hier holl ik dat so: de swemmen kann, ward in Fleet smeeten, dat he no de Herrlichkeit röberdükern kann, un de nich swemmen kann, ward de Trepp dolkegelt! Kannst du swemmen?«

Mandus Meier schul no dat open Finster, dach an Froo un Kinner un an sien gesunnen Knoken un gung erst mol dree Träd trück. He kunn dor jo nix an don, sä he, de Husweert mok ober Ernst un wenn dat Geld nich bet Mittweeken op de Toonbank leg, denn worr de Wohnung von gerichtswegen sloten!

Hein krempel sik de Arms op un greep ut Spoß no den lütten Mann: do kreeg de dat mit de Angst, krop em unner de Arms dorch un jump gau de Trepp dol. »Öbermorgen komm ik mit den Husweert un mit de Pollizei wedder«, reep he von unnen rop un gung fleiten.

»For mienhalben mit den ganzen Grundeegendeumervereen«, lach Hein. »Den sünd wi los, Anna Susanna! De ward sik woll morgen gliek in de Lebensversicherung opnehmen loten! Son driesten Bribon! Eegentlich weurn de beiden, Viez un Huswert, dat wert, dat ik uttrecken dä, ober ik mag dat *Senatorium* dat nich andon: erst heet se de Stroot extro no mi de Admirolitätsstroot un denn treck ik um! Dat mokt ok keen goden Indruck, Anna Susanna.«

Anna Susanna seet as son Hümpel Plünnen op den Kökenstohl, schür sik de Ogen mit den Ploten un schüddkopp effenweg. »Hein, lot dat Kaspern doch no: segg mi leeber, wat nu warrn sall! Mi kannst umdreihn, denn wardt noch nich klötern: ik heff keen Penn mehr op de Noht un kann bet öbermorgen nix betohln! All wat ik mi tosomen sport harr, meist dreedusen Mark, Hein, heff ik in de letzten twee Johr, as du keen Miete mehr betohlt hest, tosett: nu sitt ik for mien leddig Schapp un komm woll op mien olen Dog noch int Armenhus! For sien Godheit mutt de Minsch noch mehr büßen as for sien Dummheit.«

»Nu man nich gliek all de Masten öber Bord«, sä Hein, »dat kummt noch all wedder mooi in de Reeg!«

»Hest du denn noch Geld, Hein?«

»Mien gode Deern, du weest, dat ik op den Dreugen sitt mit mien Schipp! Ik wull, ik harr dat Senatorium von Moskitonien hier vor mi: ik wull jem watt anners wiesen! Söbentein Johr hett de Republik mi mien Geld betohlt: forr dree Johr heff ik ober keen Scheck un keen Peso mehr in Sicht kreegen. Wat dat togeiht, mag de Dübel weeten. Ob dor unnen wedder son kuddelmuddelige Revulutschon is oder ob se mi de Pangschon eenfach schafft hefft oder ob de Kassen mol wedder leddig worden sünd, dat weet keen Generolkonsulot un keen Zeitung. Kann ok gern wesen, dat dor son Kerl is, de sik alle Veddeljohr mien Pangschon ganz gemütlich utbetohln lett: dor in Moskitonien geiht dat kanditel to. Dammi nochmol, ik much dor noch mol twüschen haun! De sulln sik wunnern! Wat meenst, Deern, wenn ik noch mol röber goh un mi mien Geld hol?«

»Hein, du wullt utkniepen no Mesopotomien un mi hier vor den Rest sitten loten?«

»Mesopotomien licht in de Bibel«, reep Hein, »ober Moskitonien licht dor, wo Klumbumbus 1492 landt is. Man still, Deern, ik mark jo sülbst, dat wi nu in de Kniep komen sünd: ober wi biet uns dorch, man still, wat mutt, dat hett Hein Godenwind noch jümmer klor kreegen.

Ik goh erstmol no dat Konsulot rop un klopp dor mol op den Treesen un denn goh ik mol an den Reichskanzler oder ik fohr sülbst mol röber no Moskitonien! Jümmer mit jemehr Revulutschonen! Revulutschonen soveel as Markten in Wandsbek! Ik will jem räukern!«

»Dat is dat erste Mol in mien Leben, dat ik op de Stroot sett warr«, fung Anna Susanna wedder an.

»Een Mol kannt erst Mol man sien«, sä Hein un harr all wedder Bobenwoter, »ober dütmol wardt noch nich so leeg. Ik bün een olen Orlogsmann un lot mi nich so licht kondemmen! Ik heff ok noch allerhand utlehnt, Anna Susanna, mol sehn, ob ik nix inkassieren kann.«

»Jo, Hein, du büs jümmer to god west, hest dien Geld mit Schüffeln un Forken bor ut de Finstern smeeten! Dor kann keen Arbeitsmann krank warrn oder keen Arbeit hebben: du steckst em wat to, un wenn öbern Hoff geihst, hest twintig Kinner an di bummeln! Un all de hunnert Jungens un Janmooten, de du Scheep besorgt un mit Tüch un Geld utrüst hest! Lett sik dor mol een wedder sehn? Ganz enkelt mol un denn bringt he di ok keen Monne, denn kummt he mit een utstoppten Vogel oder sowatgodes for dien Museum ansleept, un ik mutt den olen Schiet denn noher jümmer reinmoken! Ober Geld bringt he nich.«

»Se meent all, ik heff Geld genog«, lach Hein, »se denkt, ik heff een Sack vull Geld achter de Dör stohn. Ick wull, se harrn recht.«

»Un denn hest du noch de beiden Olen op den Hals! Lot de doch int Armenhus gohn, dor sünd se god ophoben! Dien Schipp sackt jo weg, wenn du soveel Ballast fohrst!«

Hein mok de Kökendör fast to, dat de beiden in de Kojüt nix heurn sulln: »Dat do ik nich, Anna Susanna, un wennt noch so hart weiht! Mien olen Makkers, de so lange Johrn mit mi unner Seil un Damp west sünd, söllt nich mehr vor de Dören gohn oder sik int Armenhus rumsteuten loten! Mit den Klingenbütel rumgohn, steiht uns olen Fohrnslüd nich an! Ik will uns dree woll boben Woters holln un di ok, Anna Susanna, lot mi man kieken. Hest all wat in den Pott for hüt Middag?«

»Jo«, sä Anna Susanna, »Windsupp mit Luftklüten: wenn wi Fleesch dorto hebben wöllt, fot wi uns bi de Nees an.«

»Ik bring di een poor Fisch von Altno mit«, treust Hein un stebel wedder no sien Kojüt röber.

Drüttens: De Reis no den Altnoer Dom

»Na, Hein, wat is dor rutsurt?«, freug de Stürmann.

»De Viez kunn swemmen«, antwor Hein.

Do sä de Seilmoker: »Hein, wi snackt dor eben von, dat wi di nich länger op de Taschen liggen könt un wöllt. Lot mi morgen man wedder Rietsticken un Snürsenkels an de Eck verkäupen!« Un de Stürmann sä: »Un mi lot man wedder mit de schottsche Kor los un mit Kasbeern un Bonannen hanneln.«

Hein lach: »Un wenn ik denn noch Rottenlockdichtstopper in Veerlannen warr oder anner Kötelfegerarbeit mok oder mi in de Kasperbod von St. Pauli rinstell un Anna Susanna mit den Toller rumgeiht, denn sünd wi jo all versorgt. Ole Bangbüxen! Erst frei ik mi, dat ik jo ut den Bedelmannsstand rut heff: nu wöllt ji mit Gewalt wedder rin? Ji sünd ole Seelüd un hefft wohrafftigen Gotts beter Brot verdeent: ji bliefft bi mi! Wenn ik ok een beten afdrifftig bün: den Kors heff ik noch lang nich verlorn! Treckt jo man an: wi wöllt mol no Altno dol un denn mol no den Konsul rop!«

Dat dur nich lang, do kloriern de dree afdankten un utdeenten Fohrnslüd bi Anna Susanna ut un gungen över den Boomwall un de Vorsetten no St. Pauli dol. Dor keemen se so recht merden in den Sünndogstingeltangel bi de Lannungsbrüggen rin.

»Meist as in Moskitonien, wenn dor Revulutschon is«, gröhl Hein.

Wat een barg Minschen! Kinners, wat for Lüd! Man jümmer dol de Brüggen, man jümmer rop op de Dampers! Nich frogen, nich umkieken, nich stohn blieben! Larm hüshoch!

»Vadder, hest du ok tosloten? Besinn di, Vadder! Ok noch mol nofeuhlt, Vadder?« – »Du, Tetje, leus mol een Kort for mi mit, jo? Ik geef di dat Geld anner Johr wedder!« – Een Harmoniko dortwüschen… un dorbi wohnt he noch jümmers in de Lammerlammerstroot, Lammerlammerstroot un kann moken, wat he will! »Werdt man nich seekrank, hört ihr, Triestan und Filma? Nich so viel ins Wasser kucken!« Dat heurt een Ewerfeuhrer: »Wat mi anbelangt, Modamm: ik heet Kuddel un kiek int Beerglas!« – »Junge, Junge, kiek mol: ornlich eine Foahne hoaben se mit! Gesangverein Holldeluftandatisbeter!« – Musik von achtern dortwüschen: O grüße mir den Jungfernstieg, denk an der Alster oft an mich, bring auch Sankt Pauli meinen Gruß: vergiß es nicht… »Man keen Angst, ward all bestellt!« – »Kiek: der smitt sik een Ool op: een mit een Humpelrock!« »Minsch, du weest doch von Gott keen Steenstroot: Kannst nich kieken? Dat is doch een Hosenrock! Du, lot di man nich opgriepen, Esmeralda!« – »Gör, nu sitz doch bloß *einmal* still, machst ein ja ganz nervjös mit dein ewiges Dammeln!« – Musik von boben: Das sind die Dollarprinzessinnen, die Mädchen aus purem Gold… »Du, Fietje, kniep ut: dien Liebe hett de Swiegermudder mitbrocht: Du sallst meuglicherwies meuchlings verloft warrn! Fietje, noch ist es Zeit, umzukehren!« – »Jä, Fräulein, de Brögam kummt doch nich: gohn Se man mit mi: wi fohrt fein no Moorborg un plückt Bickbeern.« – Musik von nedden: Nur nicht so laut, es wird ja hier gebaut, und wo der Storch sein Nest gebaut, da ist man nicht so lautautautautaut…

»Ochotterchott!« »Wat is denn los, Mudder?« »Ochotterchott!« »Wat hest du denn?« »Ochotterchott!« »Nu segg dat ober bald!« »Ochotterchott!« »Mudder, nu vertell doch man!« »Das *Paket!* Das *Paket* hab ich ja doch in der Ferdebahn liegen gelassen!« »Dat mutt for 1895 west sien, Mudder: nu gifft keen Perdbohn mehr in Hamborg. Allens ellektrisch, Mudder!« »Dummerhaftigen Snack! Ochotterchott, ochotterchott: all de scheunen Eier un dat scheune Botterbrot! Du hätts ja auch man ein klein büschen nachkucken können, ober du schmöks dien Zigarr un quäls di um nix!« »Notürlich: de Mann hett wedder mol de Schuld!« »Nu steh doch bloß nich so bedibbert da, lauf doch mol rop!« »Mudder, de Klock is fief Minuten vorn Büxenknoop, wi hefft keen Tied mehr!« »Ochotterchott, ochotterchott!« – Musik op den Stoder Damper: Rut mit de Olsch in de Freuhjohrsluft…

Langsom un wiß schoben de dree olen Fohrnslüd dorch dat Geweuhl un Gedrängel, dorch de Minschenbrandung von St. Pauli.

Hein weur mit de Ogen un Ohrn öberall!

***

Dree wunnerliche Gesellen harr uns Herrgott dor op den Dutt kreegen: wenn he jem ankeek, muß he sik sülbst wunnern. As wenn een grot, hoch Vullschipp un een lütte, dicke, hollandsche Jalk un een scheeben, olen Schuner Reeling an Reeling legen oder as wenn een Walfisch, een Seedübel un een mogern Schellfisch tohop swemmen, so keem eenen dat vor.

De Seilmoker Eggert Sietas weur middelgrot, he gung ober all ganz krumm un harr all ganz witt Hoor. *He weur blind.* Sien Sicht harr he mol op een Damper sleten un sorr de Tied wull he von Dampers nix mehr weten. He gung ok op keen Damper mehr rop. He weur een gewissen Bibelmann, snack wenig, speel veel op sien Harmoniko un leet sik geruhig mittrecken. Mit sien Gedanken weur he jümmer op grote Fohrt un beleef all sien langen Reisen noch eenmol.

Een ganz annern Kerl weur Jan Dübel, de Stürmann. Son lütten, dicken Drummel, meist ebenso breet as lang. He harr rote Hoor un een roten Bort un heet dorum an de ganze Ingelschleddernküst de Barbarossa. *He harr bloß noch eenen Arm.* Den annern harr em mol een Haifisch in de Sunda afbeeten. Do harr he sik op de Scheep nich mehr holln kunnt: he harr dor ober ok sowieso woll bald rafmußt, wil sien Popiern nich ganz rein weurn: he harr allerhand utfreeten. Nu weur he eegentlich bloß noch to verknusen, wenn he in de Kojüt seet un dor stüttig timmern un tokeln un molen kunn. Keem he twüschen de Lüd, denn spee he Gift un Gall un arger sik öber allens, wat em in de Meut keem.

Wat sall ik nu veel öber Hein Godenwind seggen, den moskitonschen Gran General de la mar, den groten Admirol? Dat weur een Hamborger Jung, dorch dat Vergreuterungsglas ankeeken. He harr noch all de Flossen un noch all de Seils. Nix weur bi em refft un nix aftokelt. He gung noch as een Lichtmatros, so leiflich, düker noch jeden Dag int Fleet rum, wennt nich grod junge Hunnen sneen dä, un fung erst eben an, een beten gries to warrn: dorbi gung he ober all in sien 68. Johr! Hein weur een Ries: he keek öber de meisten Menschen hen – un dat will in Sassenland doch gewiß wat heeten! He frei sik mit de Minschen, ober he kunn ok bannig öber jem lachen. He harr grote

Högen, wenn he jem anfeuhrn kunn, un he seet dor for Gewalt achterher: dat mok em ober ebensoveel Spoß, wenn se dat klorkreegen, dat he sülbst mol deftig rinseiln dä.

Hein harr den blinnen Seilmoker bi de Hand to foten un feuhr em, as wennt sien lütt Jung wör. De Dree keeken den Helchlanner Weg rop un as se unner den groniten Bismarck stunnen, sä Hein: »He secht, de Odlers sünd slecht? De finn ik oder doch mooi!« »Odlers? Dat sünd jo Malakkakrein! Achter Singapur sitts to Dusenden! Heff jem all sülbst in de Hand hatt«, gnurr de Stürmann, de all beus in Fohrt weur: alle Ogenblick stott em son Ruppsack mit den Rucksack an. »Jo, dat weet wi woll, dat du all een barg Vogels hatt hest«, lach Hein.

As se wedder unner de Milesbrügg dorch gungen, bleef he vor Karpfanger stohn un sä ornlich son beten geistreich: »Jungens, dat is een historisches Monument! Un kiek: wenn ik hier nu stoh, denn is dat een historischer Moment: de beiden Admirols, de Hamborg opstunns hett, sünd denn op den Dutt!« To Karpfanger sä he ober: »Jä, jä, Beernd, dat geiht uns Admirols nu slecht in Hamborg! Di schiet de Lühnen op den Kopp un ik kann mien Miete nich betohln.«

De Lüd keeken sik um un bleeben stohn: Hein harr een Stimm, de to em passen dä. As een Walfisch, wenn een Walfisch een harr, sull Grabbe woll seggen. Ole Wieber, de em ton ersten Mol heurn, sacken in Omdom, Kinner fungen an to schreen, Kortsichtige keeken no den Heben rop un meenen, dat harr dunnert, un Sworheurige frein sik und dachen, dat se jemehr Geheur op eenmol wedder kreegen harrn. As wenn he noch jümmer ober Back un Achterdeck kummandeern muß, so gröhl Hein Godenwind, un dorbi weur he doch man eenmol godhartig.

De Dree klaun den Stintfang rop un keeken an de Dütsche Seewarte den olen Neemayer mol in de Wedderbur. Un denn stunnen se boben den Hoben un de Elw un keeken von de langen Elwbrüggen bet no Kohwarder.

»Hein, kiek ik so no den Seilschippshoben?«, freug de Seilmoker.

Hein antwor: »Jo, Seilmoker, un he licht ganz vull von hoge Masten un breete Rohn.«

»Dor will ik ok henkieken«, sä de Blinne sinnig, leet sik von Hein no de Bank lotsen un sett sik dor still op dol. Un he harr de grote See vor sik un um sik un vergeet dat Land. He seet nu ganz no vorn beugt, as wenn he in de Wiete Stimmen heurn dä. Hein keek em an un lees em de Gedanken von dat Pastorngesicht af un freug toletzt geruhig un fründlich: »Seilmoker, wo sünd wi?« – »In de Passoten, op twintig Grod Nord.« – »Mokt wi gode Fohrt, Seilmoker?« – »Jo, tein Milen.« – »Seilmoker, wat forn Schipp?« – »Norrsche Bark Svend Foyn von Kragerö.« – »Wat to don, Seilmoker?« – »Jo, ik heff hier een Flicken op de Besohn to setten.« – »Wat ik seggen wull, Seilmoker: is de Deern von jon Koptein noch an Bord?« – »Jo!« – »Wat heet se man noch?« – »Ellen!« – »Wo old?« – »Woll negentein Johr!« – »Wat for Ogen?« – »Blau as de Heben!« – »Wat for Hoor?« – »Geel as de Sünn!« – »Is se op Deck« – »Jo, se steiht to Backbord an de Reeling, ganz dicht bi mi.« – »Wat lacht de Deern so, Seilmoker?« – »Dor muß den leeben Gott no frogen: ik weet dat nich!« – »Na, denn snack man noch beten mit ehr, Seilmoker!« – »Jo, dat will ik don!«

Un de griese Seilmoker heul dat Gesicht gegen de Sünn, de öber den Seilschippshoben stunn, un seil mit de witte, norrsche Bark un mit de witte, norrsche Deern op de Heucht von Kop Verde öber de blinkern un schumen See.

De Admirol dreih sik wedder no sien Stürmann um, de öber den Hoben keek. »Säst du wat, Stürmann?« »De Stülcken hett doch wedder mol all de Seilscheep«, brumm Barbarossa un keek no de Docken un Hellgen röber.

»Dat hängt mit sien Längte tohop«, antwor Hein, »de lange Stülcken kann de Masten un Rohn so scheun vont Deck labsalwen: de brukt keen Letter, süh – un dorum dockt he all de Seilers!«

Twüschen de greunen Dampers, de hen un her lepen as de Scheep op den Weefstohl, un twüschen dat anner Gedrief, twüschen de Kru von Sleepers un Lüchters, Schuten un Bobenlanners, Ewers un Barkassen leeten sik twee hoge *Herrschoppen* sehn. As de Moon dorch de Wulken, as de Först dorch dat Volk, so gungen se dorch den lütten Kuddelmuddel.

Een von de langen hollandschen Seesleepers, de stüttig von Lizard bet Texel rumsnüffelt, broch een gries ingelsch Vullschipp, den »River Falloch«, de Elw rop un von boben keem Laeisz sien Fiefmaster »Potosi« in Tau von den tweemasten Hamborger Seesleeper »Albatroß«. Dwars von Hein Godenwind gungen de beiden Sterngrosers an eenanner lang: de Jantjes reeten de Mützen von de Köpp un reepen dreemol Huroh un de Lüd an Land un op de Brüggen winken mit Hannen un Deuker. Allens, wat Ogen harr, keek no de langen, sworen Rohn un no de acht hegen Masten rop un jede Hamborger frei sik extro, dat he een Hamborger weur un son Schippfohrt mit beleven kunn.

»Huroh! Huroh! Huroh!« Hein Godenwind swunk sien Mütz as son Konfermand. »Gode Reis, Jungens! Willkom binnen, Jan Bull! Stürmann, un du steihst dor as de Rotensandfürtorn? As wenn di dat all nix angung?«

»Geiht mi ok nix an«, sä Barbarossa argerlich un dreih sik um.

Do fung Hein an to schelln: »San Soltwoter! Hest du denn keen Schippfohrt un keen Seilkraft mehr in de Knoken, dat du geruhig mit ansehn kannst, wenn son Scheep vorbigoht? Ik much jem noswemmen – un du steihst dor as son Bäcker, de de Stuten to grot mokt hett!«

»Uns Fohrt is ut, Hein, un von anner Lüd jemehr Dwarsdrieberee will ik nix heurn un nix sehn!«

Hein keek noch jümmer no de groten Scheep un sien Ogen weurn noch blanker as annertied: »Stürmann, ik heff düsse Nacht von Kloos Störtebeker dräumt: dat hett wat to bedüden! Ik rük all jümmer Soltwoter un gläuf stief un fast, wi kriegt noch mol wedder Seils boben den Kopp, wi komt noch mol wedder no See! Un wi möt ok noch mol wedder no See! An Land wöllt se uns jo sowieso uthungern!«

Barbarossa streek över sien Bort hen, dat dat in de Sünn utseh, as wenn dor Funken rut sprungen, un sä iwerig: »Hein, wenn du dat klor kriegst, denn goh ik mit, un wennt mit een ole Slickschut is un wenn wi Piroten warrn möt!«

»Stürmann, dat möt wi klor kriegen! Nu wöllt wi ober erst mol lüstern, dat wi wat in de Pann kriegt! Seilmoker, Velero!«

De Seilmoker sä ober, he harr keen Lust, dat Gedrängel weur em dor to grot, se sulln em man sitten loten un em noher wedder afholn.

Do leet Hein em bi de norrsche Kopteinsdeern an Bord sitten und pett sik mit sien Stürmann no Altno dol.

***

»Harrk son Klipper unner de Feut: in soßtig Dog wullk no Valporeis röberwichsen, so gewiß as ik Hein Godenwind heet«, sä Hein unnerwegens un soch noch jümmer de Hebenstokens.

Mannslüd un Froonslüd mit Fisch in de Netten, Rabarberstrengen unner de Arms un Blomen in de Hannen keemen de beiden in de Meut un Hein, den jo de ganze Woterkant kenn, kunn knapp so veel Meunmeuns utdeeln, as neutig dä. Twüschendorch heul he den Stürmann een groten Vordrag öber Hamborg sienen Mot von wegen Elwtunnel, Köhlbrand un Bobenbohn, ober Barbarossa beet dor nich op: he sä bloß: »Se weet gornich, wo se mit all uns Geld blieben söllt!«

Vor de Fischhall von St. Pauli geef dat een lütten Hollop. Dree von de echten Fischmarktsleuwen, de jo eegentlich noch wat heuger rangschiert as de Hoppenmarktsleuwen, (ton wenigsten stoht se in een ganz anner Geruch, mehr no Schellfisch un Kobeljau hen!) weurn den Admirol wies worden. Se seeten op een Kohlwogen un leeten sik de Sünn op den Buk schienen, son beten »zur Hebung der Volkskraft«. As Hein keem, jumpen se gau op, stellen sik in een Reeg un reepen mit jemehrn rosterigen, spiritistischen Baß: »Morgen, Herr Admirol!« Hein bleef stohn un lach: »Meun, meun! Süh, dat freit mi nu doch, dat ji all so freuh an den Morgen nix dot!« »Melde untertänigst: ein Fischkorbtransportunternehmer, ein Gemüsekiepenbewegungsmeister und ein Getreidekümmelheber a. D.: dat bün ik eegenhändig, Herr Admirol«, snarr de Oberleuw, von den se vertelln dän, dat he freuher mol een eegen Schipp hatt harr. »Dat sünd seine Bohntjes«, sä Hein. »Kriegt wi nu nich een lütt Viatikum, Herr Admirol?« »Ik heff keen Geld mehr«, sä Hein. – »Von wegen keen Geld! Ji hefft doch dor bi de Minschenfreeters genog tohopschropt.«

»Wat wöllt ji mit Geld?«, lach Hein, »versupt ji doch jo bloß.« »Ne, ne«, sä de tweete Leuw, den se den blauen Peter heeten, »versopen ward nix mehr: wi hefft den Köm afsworn. J.O.G.T.«

»Denn brukt ji jo ok keen Geld.« »Doch – fort Rosiern! So rugstoppelig as wi sünd, hefft de Fischfroons keen Fiduz an uns.« – »O ihr Eitelsüchtigen«, lach Hein, »hier, ik willt mol een ole Koh kosten loten: dree Groschen for den Bortschroper!«

Kum harrn de dree Leuwen dat Geld, do sprungen se notürlich ok all von den Wogen raf, hoken sik in un stürn bums op Korl Steen sien Köminsel to. Hein reep: »Stopp, ji hefft den verkehrten Kors, dor wohnt keen Putzbütel!« – »Dat weet wi!« – »Ik meen, ji harrn den Köm afsworn?« – »Jo, dat hefft wi ok: wi wöllt em nu ober gliek wedder *toswörn*!«

Hein muß lachen, ober Barbarossa spee meist Für: »Son Supnickels son! Un du giffst di noch jümmer mit dat Pack af!« – »Mokt doch Spoß«, lach Hein un gung mit sien Stürmann öber de knupperige Grenz no Preußen rin.

***

Op den Altnoer Dom, de jeden Sünndagmorgen von Söben bet Half Tein afholln ward, is een barg los. Dütmol weur dor ok allerhand gefällig.

An de Brüggen dümpeln twolf Finkwarder Fischkutters un Fischerewers, twee Blankneser Kutters un dree dänsche Schuners von Esbarg, de troß jemehr dänsche Flagg wiesen dän, as all de dänschen Scheep dat dot, se mögt sien, wo se wöllt. Düsse söbentein Seescheep harrn de Bünnen vull von lebennige Schulln. Denn legen dor noch Buttjolln, Smietnettfischers, Wattewers, Beut un Kohns von Nedder- und Bobenelw mit Ool un Quappen, Stint un Sturn, Heek un Nesen, Slee un Plieten, Kruschen un Negenogen, Bütt un Bors, Snepel un Wittfisch.

Wat een barg Fisch, ober ok wat for Lüd, de dor hanneln un koffen! Op de Brüggen weur kum von den Plack to komen, so veel Minschen weurn dor togangen.

Von de Kutters un Ewers reepen un gröhln de Reisenkäupers: »Schulln, lebennige Schulln! Grote Schulln! All springenlebennig! Twintig forn Mark! Twintig!« Un de Kökschen un Froonslüd stunnen lukenlang un passen op, dat se keen doden Fisch mit in de Tasch smeeten kreegen.

Boben op de Schellfischallee weur ok Karkmeß genog. Dor geeft meist noch mehr to käupen: Heuhner un Duwen, Onten un Knarrnvogels, Konickels un lütte Katten, Laubfrösch un Grasseebers, Pött un Pannen, Eier un Appelsino, Kees un Rosen, Greunwor un Pißpött, Blomen un Schinken, Hün un Perdün. De Hohns krein, de Onten snotern, mitunner tut mol een Damper dortwüschen, Dune sungen verkehrte Leeder, Hökerwieber kreegen dat Verteurn un in all de

Schenken speeln un rötern de Musikspeeldinger op Dübel ik seh di, du sittst in de Höll!

Hein heul sik hier boben nich lang op, he stür gliek not Woter to, keek ober doch bannig rum, ob he nich een gewohr warrn kunn, von den he noch Geld kriegen dä. He weur in leege Wall, wenn he ok lach un snack, un grübel sik allerhand ut. Mehr so int Vorbigohn keek he mol in den Futterkassen von een Ponni rin un reuhr dat Futter dorch, un as he dor bloß Hackels in finnen kunn, muck he op un sä de Froo fix bescheed, dat se dat Perd beter futtern sull, von Stroh kunn dat nich satt warrn, dor muß ok Hober mang sien un so wieder. De Froo, de op den Wogen stunn un Fleeder verkäupen dä, worr argerlich, un as Hein den Ponni den Hals klopp un sä: »Wees man still, Ol, schree man nich, fritt man wieder!« – do kunn se sik nich mehr holln un se nehm den Fleederbusch, den se jüst in de Hand harr, un smeet Hein dormit an den Kopp: »Du verdreihte Hein Godenwind!«

Hein lach un soch den Busch op: »Dat heff ik bloß wullt, Mudder von Appen! De is god mittonehmen! Dat is jo sogar een groten to Twintig!«

Dormit steek he sik den groten Fleederbusch an de Mütz un gung wieder un de Lüd lachen de Froo wat ut.

***

Hein gung mit sien Stürmann de Brügg dol un keek no de Nummer von de Seefischers. He harr dor mennich goden Fründ twüschen: he harr freuher mol een Tied den olen Radkassen »Courier« hatt un twüschen Bremen und Hamborg sleept. Do harr he in sien Godheit un wil he gern Fisch eten dä, jümmer de Fischerewers achterto nohmen, wenn dat op de Elw windstill weur un se gern dat Markt reckt harrn. Lange Johren harr dat god gohn, ober toletzt weur den Lloyd dat doch steeken worden. He harr Hein vermohnt un as dat nich holpen harr, weur he em mit een Poor Scheuh komen. Do weur Hein wedder butenlanns gohn un harr dat dor bet ton Admirol von Moskitonien brocht...

Albert Rolf, de mit sien scheunen, roten Kutter H. F. 187 an de Brügg leg un sik över dat gode Markt frei, keem Hein so recht topaß. »Gunmorgen, Albert!« De Finkwarder keek sik um: »Süh! Meun,

Hein! Ok mol wedder hier?« – »Albert, mien gode Jung, weest noch, as ik di mol vont tweet Fürschipp mitnohmen heff no Altno rop, wat dat forn scheunen, stillen Dag weur?« De Fischermann lach son beten in sien rötlichen Bort rin. He wuß all lang, wat Hein wull, un sä darum gliek: »Du kriegst dien scheune Soot Schulln, Hein, do dien Nett man her!« »Albert, dat weur so still, dor harr woll een Feddern sein kunnt.« »Gewiß, Hein, du kriegst dien Schulln mit!« »Du harrst dat Markt nich fot kreegen, Albert, all de Fisch harrn di dot bleeben.« »Notürlich kriegst du dien Schulln, Hein!« »Feine Reis hest du do mokt, Albert, weest jo woll noch, wat?« »Notürlich kriegst du dien Schulln, Hein!« »Hüt is dat Markt ok mooi, Albert?« »Gewiß: du kriegst dien Schulln, Hein, do dien Nett man her!« »Bloß de gottverfluchten Dänen mussen hier nich herkommen, Albert: de mokt jo Finkwarders den Kopp swor un de Fisch billig, de sünd dat, de jo Winterdogs in Hüll un Küll no See drieft! Hol de Dübel den Dannebrog!« »Jan, till den Admirol fiefuntwintig grote Schulln in«, sä Albert Rolf to sien Jungen.

As Hein mit sien Row weg weur, keek de Fischermann em noch eenen Stremel no un do kreeg he doch dat Lachen. Op de poor Fisch keem em dat würklich nich op an un he much Hein ok ganz gern lieden, ober lachen muß he doch: sorr söben Johr keem Hein nu bald jede Reis an Bord un hol sik jedesmol sien twintig grote Schulln for de Sleeperee von Anno Kruk! Un Albert simulier: harr ik mi do bit Fürschipp een Sleeper schartert un den regulär betohlt, denn weur ik hunnertmol billiger wegkommen.

»Keen wür dat, Vadder?«, freug sien Jung. Albert sä: »Jerr, jerr, den kiek di man mol eulich an, mien Jung. Wenn ik all lang dot bün un du all lang mien Fohrtüch hest, denn kummt Hein Godenwind noch jede Reis an Burd, vertillt di von de Sleeperee un holt di jedermol twintig grote Schulln af.« ...

De Admirol stunn mit sien Stürmann, de nich veel sä un bloß mitunner mol utspeen dä, all op een annern Ewer, bi den nährigen Kassen-Brur, un keek den in den Bünn. Kassen muß toletzt opkieken: »Süh, süh, Hein!« »Meun, Kassen! De Reis don?« »Jo! Ik seh eben, du hest all Schulln, ans harrst van mi ok giern een Soot kriegen kunnt, Hein; harr mi up de poor Fisch ne ankommen«, sä Kassen so recht scheinheilig un frei sik, dat he nix uttogeben bruk. Do antwor ober Hein, de op düssen Snack bloß lurt harr: »Düsse Fisch? de heurt den Stürmann hier, ik dräg jem bloß for em!« Dormit trock Hein sien tweet Nett ut de Binnentasch un heult den Fischermann hen. De mok een temlich dumm Gesicht un arger sik meist scheef, ober wat sull he moken: he harr eenmol sien Word geben un muß nu Fisch rafrücken.

»So, Stürmann«, sä Hein noher vergneugt to sien Makker, »to eten hefft wi nu wedder, wenn wi nu man erst Geld to de Miete hefft. Ik heff noch von veel Lüd wat to kriegen, ober de een is dot, de anner in Kallifonien, de anner supt, de anner is verswunnen. Rotfuchs, schaff mir was ßu fressen oder ich fresse dich!« »Peter Steffens«, sä de Stürmann. »Jo, ik weet man nich, wo de sik opholt. Wi wöllt mol no den gollen Anker rop un nofrogen!«

De beiden gungen dorch de Altnoer Akschonshall un petten sik de Elwstroot lang. »Kriegst du nich ok wat von Pieter Dekker, den Hollandsmann?« Batz bleef Hein stohn un reep: »Dat is ok wohr: ik heff em 1906 de tweedusen Mark op sien Jalk geben, as he so klamm weur. Den möt wi mol to Kleed! De wohnt hier op den Pinnasbarg bi sien Süster.«

Veertens: Schipp in Sicht!

Pieter Dekker weur to Hus. He seet in de Kök un speel Schoster. Sien Süster harr negen lebennige Kinner un de kunnen bannig mit Sohlen un Hacken klor warrn.

»Hau jem man ornlich Isen unner, Pieter«, reep Hein, as he in de Dör keem. »Meun ok.« »Morgen? Hein Godenwind – un Jan Dübel? *What can I do for you?*«, freug de Schoster un leg den Homer hin.

»Jä, Pieter, wi wulln mol mit di pratern.«

Pieter reep sien Süster: »Geske, mag dor woll noch een Köppen Koffi sien for de beiden Heeren?« »Lot man«, sä Hein, »wi hefft all drunken.« De Hollandsfroo reep ober, se skull den Koffi mooi maken, un se bunn sik een reinen Ploten vor un mohl brennten Roggen.

»Ji komt woll wegen bat Cheld?«, freug Pieter. – »Jo, mien Jung, wi wulln mol heurn, ob de Fracht opstunns wat afsmitt.« Pieter klopp deftig op dat Ledder rum un sä, he wör keen Schipper mehr, he wör Arbeitsmann worden un arbei op Kohwarder bi de Schauerlüd. Mit sien Jalk harr he nix mehr holn kunnt: siete Frachten un de noch nich mol to kriegen un keen Lüd to holln. He harr sien Schipp oplecht un wullt liggen loten.

In Hein Godenwind sien Kopp steegen de Seils von sülbst an de Masten op, as he dat heur, un de Stürmann weur ok all unruhig worden un leep von een Eck in de anner, as een Heen, de een Ei leggen will un keen Nest finnen kann.

»Hein, du kriegst tweedusen Mark von mi: dat de een Hamborger Schauermann nich boben ut de Tasch kiekt, kannst di woll denken. Ober wenn ik de Jalk verkofft heff, kriegst du dien Geld. Wenn dat man nich so swor wör! In den Köhlbrand liggt foftig Jalken, de op de Städ for een poor Groschen to käupen sünd.«

Do kunn Hein dat nich mehr utholln: he stunn op, greep den Hollanner vor de Bost an, schüddel em un sä: »Wullt du nu bald still swiegen, du verdammte Hollandsmann, un mi seggen, wat du for de Jalk hebben wullt?« »Seilscheep hefft keen Pries mehr«, sä Pieter, »wenn ik tweedusen Mark for Neerlands Flag krieg, bün ik god tofreeden. Ober dat gifft mi keen.«

Do reep Hein, de all lang op de Jalk stunn un all achter Borkum klüs: »Ik nehm de Jalk for de Tweedusen, de ik von di krieg, Pieter! Her dien Lameng! Stürmann, slog dorch: afmokt!«

»Un wenn du mi nich mitnimmst, Hein, denn scheet ik di dot«, sä Barbarossa un gung op em los, as de Bull op de Koh.

»Hein«, sä Pieter bedächtig, »wenn du dat Schipp for de Schuld nimmst, denn deist du mi een groten Gefalln. Ik bün dormit inverstohn! Du büs Admirol un weest in Hamborg beter Bescheed as ik in Rotterdam, du kannst ok beter snacken as ik: du kannst de Jalk eher verkäupen as ik. Dat Schipp is noch nich slecht!«

»Ik warr den Deubel don un de Jalk verkäupen«, sä Hein, »ik beholl ehr un goh dor morgen all mit no See; wo licht se?« »To Dübelsbrügg in de Bek.« »Seils, Boot, Sweert?« »Jo, jo, jo!« »Seefast?« »Ik bün dor vorrig Johr noch mit no Belfast röber west.« »Versekert?« »Ne, dat nich mehr, Hein, den Kompakt kunn ik nich mehr berappen un do hefft me mi streeken!« »Na, dat mutt ik denn sehn, Pieter! Also ik nehm de Jalk as se dor licht! Hüt Nomiddag goh ik dol un bekieks. Geihst du mit, Pieter?« »Ne«, sä de Hollanner, »ik will dat Schipp nich wedder sehn, dor seet jo doch keen Glück in. Ik geef di de Slötels un de Popiern mit: denn sünd wi mit eenmol klor.« He soch den Krom her. Hein un sien Stürmann drunken bideß den Kaffe, den Geske jem inschenkt harr. Hein sä, heuflich as son spoonschen Grande: »Droff een olen Fohrnsmann di een scheunen Fleederbusch spendiern, Geske?« Un as de Froo lach, geef he ehr een poor feine Tellgens af.

Foftens: Consulado general de Mosquito

As Hein Godenwind wedder buten weur, fung he an, halflut vor sik hintofleuten. »Feuhr di doch nich op as son Brit«, gnurr Barbarossa. »Denn kann ik ok jo singen«, sä Hein un kreeg dat Leed von Kloos Kniphof bi den Wickel... »veer Kraffeln, twee Bojers, so goht wi no See, hefft Ostwind un brukt nich to krüzen. Neewark licht in Luv, Helgoland licht in Lee... Stürmann, wi sünd borgen! Erstmol kann de Viez uns nu in den Moonschien bemeuten: wi packt unsen Krom eenfach in uns Schipp un kniept mit Anna Susanna ut. Denn sport wi Miete: wi blieft eenfach op dat Schipp wohnen. Un denn komt wi mol wedder no See hen. Un toletzt, Stürmann, toletzt seilt wi no Moskitonien röber un holt mien Geld mit Huroh! Nu hett dat all mit eenmol Been kreegen, gottsverdori, nu sallt een Leben warrn!«

»Jo, jo«, lach de Stürmann, »nu sett ik mien Seils ok noch mol wedder op! Bloß raf vont Land, Hein, bloß wedder opt Woter, dat ik de Minschen nich mehr antokieken bruk! Un wennt nich anners geiht, Hein, denn speelt wi Störtebeker!«

Hein beug af: »Stürmann, ik will noch mol eben no dat Generolkonsulot rop un dor mol fix in de Botter haun! Stürmann, nimm de Schulln un hol den Seilmoker af un goh mit em no Hus un segg Anna Susanna, se sull de Schulln fein kroß broden: ik keem noher.«

»Allright«, sä Barbarossa.

De Admirol pett sik alleen no de Reeperbohn rop, gung den Holstenwall lang, schech öber de Lombardsbrügg un leet sik erst ut de Fohrt lopen, as he op den Klockengeeterwall vor de Schrieberee von Breckwoldt un sien Söhn stunn. Öber de Dör hung dat golle Wopen von Moskitonien un dorunner stunn: *Consulado general de Mosquito en Hamburgo*. Hein keek no dat Schild rop un sä: »Ji sulln man leeber jon olen Admirol betohln, as hier mit Gold rumprohln.«

De grote Schrieberee weur meist ganz leddig, dat weur jo Sünndag un all de Beukervullschriebers weurn utflogen. In de Mitt seet een lütt Schriefmoschinisten-Deern, de Pablo Lopez sik herbestellt harr, un vorn harr Pablo Lopez sik sülbst molerisch hinwippt.

Pablo Lopez weur een jungen Moskiter, de Söhn von een Minister, de in Hamborg de Kopmannschopp lehrn sull: he weur obern Luftkutscher un lehr sik leeber dat Schuldenmoken un Nachtsopblieben un Deernsnohusbringen. De Schriefmoschinistin harr he ok bloß komen loten, wil he gern mit ehr anbanneln wull: so ilige Soken legen gornich vor. Se wull ober nix von em weten un keek mit verlangen Ogen mol no de Klock un mol no buten.

Pablo Lopez jump op, as son Springkerl, as he den Admirol seh, den *Oso marino*, as hä em sünst heeten dä. Nu weur he ober so fründlich, as wenn Hein de Middelpunkt von de Welt wör. Morgen, morgen, Herr Admirol un Herr Admirol: so gung em de Tung. Wat he denn bringen wull?

»Ik will wat holn«, gröhl Hein, de den gesniegelten Kerl nich utstohn kunn, »mien Geld will ik holn! Is de Ol all hier?«

»Ne, de kummt ok woll nich, is jo Sünndag. Wat sall ik em bestelln?« »Nix«, sä Hein argerlich un sett sik dol, »ik will hier op em teuben: he hett mi secht, dat he gegen Elben jümmer mol vorkeek.«

»Ji könt mi dat gern seggen, Herr Admirol: ik weet allens.« »So, so, na, denn segg mol, Paul, wat is eegentlich mit uns *teure Heimat* los, mit Moskitonien? Is dat in de See sackt? Oder hefft se sik dor nu alltohop dothaut? Worum krieg ik mien Geld nich mehr?«

»Verstoh ik ok nich«, sä de Moskiter un mok een bedreuft Gesicht, »wi hefft all mehrmol kobelt un schreeben, ober wi kriegt keen Antword. Ik gläuf meist, de Kassen sünd leddig.«

»Leddig stohlen, wullt du seggen«, reep Hein dortwüschen.

... »dat wöllt se woll nich gern togeben un dorum schrieft se nich. Ik will ober gliek hüt morgen noch mol schrieben loten un will ok mol an Papa schrieben, dat he sik dor mol um quält. Goht getrost no Hus, Herr Admirol: dat Generolkonsulot deiht, wat dat don kann.«

»Och du gerechter Kaffetrechter«, reep Hein, »dat is to marken! Dree Johr deit dat Generolkonsulot all, wat dat don kann, ik heff ober noch keen Centavo to sehn kreegen.«

»Ik will den Breef gliek dikteern«, sä Pablo Lopez un geef Hein de Hand: »Adjüst solang, Herr Admirol, hollt jo munter!«

»Ik blief noch hier«, sä Hein, »ik teuf, bet de Ol kummt.« Dormit stell he sik vor de grote Landkort von Middelameriko hen, de an de Wand hung, un rüsch dor mit den Finger op un dol. »Paul, hier bi San Miguel heff ik dien Vadder dat Leben rett: twee Stunnen loter un he harr dotschoten worden.«

»Keen hett dat denn hier all wedder mit Dotscheeten? Notürlich de Admirol!« Hein dreih sik um: de beiden Breckwoldts weurn dor: Viet de Vadder un Viet de Söhn: seine Hamborger Koplüd mit Spinten op den Kopp un Gloseehanschen an.

»Morgen, Herr Generolkonsul!«

»Morgen, Herr Admirol!«

»All so freuh opstohn, Viet?« »Ik wunner mi öber di, Hein, ik dach, du bleefst den ganzen Sünndag in de Puk liggen!« »Ik kann vor Hunger nich mehr in Slop komen, Viet!«

De Generolkonsul lach un de Dree gungen in de Achterdönß rin, op hochdütsch Privatkontor heeten. Um den Ministerssöhn quäl sik erstmol keeneen mehr.

»Sett di dol, Hein! Wullt een Havanno mitsmeuken?«

»Ne, lot man, Viet, ik heff noch een frischen Petum achter de Kusen.«

»*Petum optimum subter solem*«, sä de junge Breckwoldt un lach. He weur een lustigen Mann un seh brun un gesund ut as een Fohrnsmann. He harr een Jacht op de Alster un leg de halben Dog opt Woter. »Wo geiht, Herr Admirol?«

»Slecht, Herr Breckwoldt: jo, slecht, Viet.«

»Du lachst ober doch noch dorbi.«

»Wennk mol nich mehr lach, bünk dot«, sä Hein, »ober slecht geiht mi dat doch. Dree Johr keen Pangschon mehr, dat is to mutsch! Wat is dor eegentlich los, Viet? Leef ik Moskitonien to lang un wöllt se mi nu verhungern loten oder wat hefft se in de Lur? Viet, du büs in de Borgerschoop, kannst du dat Senatorium dor nich mal op bieten loten?«

Viet Breckwoldt drück op den Knop: »Eben mol Lopez frogen. Weest du, Hein, um dat Konsulot quäl ik mi nich veel, dat kann Lopez ganz god alleen klor moken. Mi is dat genog, wenn ik dat Schild boben de Dör heff un mol een fein Eten mitmoken kann, dat anner geiht mi nix an. Mien Söhn un ik verkonsuleert leeber den Kaffe un den Kakao, dat mokt sik beter betohlt! Herr Lopez, wat is dat eegentlich mit den Herrn Admirol sien Pangschon?« »Is noch keen Scheck komen, Herr Generolkonsul!« »Breckwoldt heet ik! Wo geiht dat to?« »Kann ik nich seggen.« »Hefft wi schreeben?« »Jo, all twolfmol!« »Loten Se hüt gliek noch mol schrieben un kobeln Se ok noch mol, Lopez! Dor mutt wat nich stimmen! Gliek hüt, Lopez, morgen geiht de Kronprinzessin! Ik will den Breef sülbst sehn!« »Jowoll, Herr Breckwoldt!«

De Moskiter gung wedder rut.

»Viet«, reep Hein, »denn sett dor man noch unner: Hein Godenwind hett sik een Seeschipp kofft un denkt düsse Dog lostoseiln no Moskitonien un sik sien Geld sülbst to holn!«

»Dat wör een Spoß, Hein!«

»Keen Spoß, Viet, is Ernst. Dat Schipp heff ik all un morgen goh ik no See. Wenn ik goden Wind heff, bün ik annern Sünndag all op den Atlantik.« Un Hein vertell von sien Jalk, de he noch gornich mol sehn harr.

De beiden Koplüd wulln em nu de Idee utsnacken, ober dat kreegen se doch nich klor. »Hein, mit son lütten Pott kannst du doch nich öbern Atlantik!« »Gewiß kann ik. Klumbumbus sien Santa Maria is ok nich veel gröter west un ik bün doch keen Bangbüx, Viet. Ik goh los: ik mutt sogor los, mutt mien Geld doch holn, wenn se dat nich schickt!«

Viet schenk een lütten Whisky in un sä: »Wenn noch een beten Tied hest, Hein, denn vertell uns een Stücksken ut de Muskist, een Aventura maritima von Moskitonien.«

»Ochott, von Moskitonien«, sä Hein un heul den Whisky gegen dat Licht.

Soßtens: Hein grippt dree Präsidenten

»Jä,Viet«, sä Hein, »ik kann di seggen, ik bün vor tein Johr dösig wesen, dat ik dat Kummando dollecht heff un no Hamborg trück gohn bün. Keen Handbreet geef ik no, wenn ik nochmol de Gewalt so in Hannen harr as do: söben grote Scheep un all de Matrosen op mien Siet; ik harr ganz Moskitonien in Brand scheeten un mi ton Präsidenten moken kunnt, wenn ik wullt harr! Harr ik, Viet! Ober ik dach in mien Godheit un Dummerhaftigkeit: se wöllt doch jo mol een Spanjoler hebben un lot den ehrlichen Dütschen doch jo keen Ruh: do jem den Gefallen, nimm de gode Pangschon un dank af. Ik weur jem dor to ehrlich, Viet, dat kunnen se nich verknusen: sowat weur jem noch nich vorkomen: all de annern harrn stohlen un bedrogen: ik full to dull op, do muß ik weg.«

»Wat weur dat noch mit de dree Präsidenten?«, freug Viet Breckwoldt un keek sien Söhn heemlich an, as wenn he seggen wull: nu paß bloß op, wat Hein Godenwind legen kann!

»Dat will ik di verklorn, Viet! Süh mol, wi harrn doch domols den Klub mokt twüschen Moskitonien un San Soltwoter un Jan Dominix, weest woll, du büs jo ok mol dor west un kennst Husgelegenheit. De dree Republiken smeeten de Flotten tohop un ik worr de Admirol von twintig grote Scheep: ik kann di seggen, Viet, een Uniform harr ik, so bunt as een Tuschkassen, un de Deerns weurn rein dull no mi.

De Herrlichkeit dur ober nich lang, Herr Breckwoldt! De Spektokel gung wedder los: jedereen von de dree Präsidenten wull natürlich dat meist to seggen hebben un dorbi kreegen se bald dat Verteurn.

Een Morgen: wi legen op de Reed von Sanjuan un teern de Scheep buten an: krieg ik von den Präsidenten von Moskitonien een geheeme Order: he wull sik ton Präsidenten öber de dree Republiken moken: ik sull losdampen un de beiden annern Präsidenten gefangen nehmen. Scheun, segg ik, wennt wieder nix is! Ward besorgt! So dro as de Scheep teert sünd, morgen freuh, dampt wi af.

Obends, as dat düster warrn will, kummt een Kurier von den Präsidenten von San Soltwoter un bringt mi wedder een geheeme Order: de wull sik ok ton Präsidenten öber de dree Republiken moken un sien gode Fründ Hein Godenwind much doch de beiden anner Präsidenten gefangen nehmen. Scheun, segg ik, dat wöllt wi woll moken, lot bloß erst den Teer dreuch sien. Merden in de Nacht warr ik ut den Slop kloppt. Dor is een Barkaß von den Präsidenten von Jan Dominix langsiet komen un hett ok een geheeme Order for mi afgeben. Ik weet all Bescheed, sä ik, mok den Breef ober doch open. Richtig, de Kerl wull sik ok noch ton Präsidenten von de dree Republiken moken un ik sull doch gau de beiden annern Präsidenten achter de sweedschen Godinen setten. Scheun, segg ik, dat will ik woll allens klor kriegen, bloß eben noch utslopen!

Den annern Morgen stiem ik mit de Armada los, no San Soltwoter röber. Vor Santa Cruz smeet ik Anker un mok Flaggenporod! Junge, dat weur Kleur for de Soltwoterlüd: se dachen, dat de ganze Flott mit jem un mit jemehrn Präsidenten heul, un Hein Godenwind weur de Boos! Allerwärts steeken se Flaggen rut un weurn rein ut de Tüt. Ehrenporten un allerhand son Klimbimm, Viet. Ansichtskorten von mi! Dur nich lang, do kreegen wi hogen Beseuk: de Präsident keem an Bord un inspekter de ganze Flott. De gode Mann dach, ik harr groten Respekt for em kreegen von wegen sien Order un weur dorum gliek losdampt. Ik wies em denn ok jo de Scheep un vertell em düt un dat. Un he secht, ik weur een fixen Kerl un he wull mi god in sien Testament bedenken, wenn ik em de beiden annern Präsidenten brocht harr. Toletzt wies ik em dat Arrestlokol op mien Admirolschipp, un as he neeschierig rinkiekt, krieg ik em gau bin Kanthoken un slut de Dör achter em to. Den Diaz harr ik, ober wat mok de Mann for Larm! As son Verrückten, Viet!

Ik wies em ober eenfach mien erste Order von den Präsidenten von Moskitonien dorch de Ritz. He reep: Un mien Order? Un mien Order? Man still, Diaz, sä ik, de kummt ok noch. Ik heff dree Orders kreegen un dat geiht bi mi rejell no de Reeg: teuft man af! Do damp ik mit mien Geswoder no Jan Dominix dol un smeet vor Libertad Anker. Dor harrn wi wedder son grot Opsehn, se lüden sogor de Klocken un sleepen mi op de Schullern mit Huroh dorch de Strooten, Minsch, wat een Tostand! Un as ik wedder op de Eer stunn, harrk ok doch keen Centavo mehr in de Tasch: all mien Geld harrn se mi bi de Gelegenheit ok noch stohln. Ik schipper wedder an Bord un lur op den Präsidenten. Mien lütte Gomez keem ok richtig an un leet sik *sien* Flott von *sien* Admirol wiesen. Dat gefull em all mooi. Toletzt gung ik mit em ok no dat swarte Lock hen, kreeg em ok bin Wickel un stopp em bi sien Kollegen rin. So, sä ik, mit tween sünd ji all, nu speelt man so lang Soßunsoßtig, bet de drütt Mann ton Skot dorto kummt.

So, de erst Order harr ik poreert! Nu kummt dien Order, sä ik to den Präsidenten von San Soltwoter dorcht Slötellock: half is se all erledigt, de Präsident von Jan Dominix sitt all bi di op de Bank, nu hol ik di noch den Präsidenten von Moskitonien dorto!

Un wi mohlen no Sanjuan trück. Dor weur de Freid noch greuter, rein as op den Dom sneuf dat dor langs. Richtig, de Präsident keem ok an Bord un wull sien beiden Gefangen doch mol bekieken. De Order is klor, sä ik, hier achter de Latten sitt de beiden Präsidenten! Nu heff ik ober noch twee Orders, – dorbi kreeg ik em bi den Kripps un schubs em bi de beiden annern rin. Viet, de dän wat anners as de drei Männer im feurigen Ofen, dat kann ik di seggen! Ik nogel de dree Orders boben an de Wand, ober so hoch, dat se dor nich an langen kunnen, un sä: So, nu snackt dor man noch een beten öber, mien leeben Präsidenten. Un ik leet Kohl opschütten un damp mit mien Schipp no See un harr de dree Präsidenten in de Vogelbur.«

As Hein so wiet weur, keem de Deern mit den schreeben Breef. »Dat hett jo gau gohn, mien Deern«, sä Hein, »hier hest ok een lütten Busch Fleeder dorfor!« »Dank ok, Herr Admirol«, antwor de Deern un lach. »Wennk veertig Johr jünger wör, denn geef ik di wat anners«, sett he noch achterop un hög sik, as de lütte seute Deern ganz rot worr.

Viet Breckwoldt lees den Breef un de Depesch dorch. »So is dat recht«, sä he un unnerschreef. De Deern kunn wedder rut gohn.

»Wat is dat denn mit de dree Präsidenten worden?«, freug de junge Breckwoldt.

»Jä, wat is dat worden«, lach Hein, »as dat dor unnen for gewuhnlich geiht: as ik de dree no een poor Dog wedder lopen leet, harrn all de Republiken all anner Präsidenten, de Klub von de Republiken fleug op un de Scheep worrn wedder deelt. Mi wulln se ok erst deeln, in twee Deel wenigstens, ober ik leet mi nich ankomen!«

Hein stunn op un nehm den olen Breckwoldt noch mol in de Eck vor: »Viet, ik sitt beus op den Dreugen, kannst mi nich een poor Schilln vorscheeten?« »Hein, du mokst Spoß! Hest jo mehr Geld as ik! Mok dien Geldkist man open!« »Ne, ne, Viet, ik heff würklich nix mehr.« »Hein, wi kennt uns doch! Du hest mehr Geld as ik!« »Viet, giffst du mi nix?« De Generolkonsul lach noch mehr: »Ne, mien Jung, lot dat man god wesen. Bäckersskinner brukt wi keen Brot to geben.«

Viet weur eegen, wat he nich wull, dat dä he nich: Hein kunn snacken, wat he wull: Geld kreeg he nich. Do sä he:

»Na, denn adjüst, Viet, denn mutt ik sehn, dat ik so in de Reeg komm!«

»Adjüst, Hein! Un de Reis slog di man ut den Kopp! Son Jalk is keen Schipp for den Atlantik!«

»So grot as de Great Eastern is se woll nich«, sä Hein, »ober ik goh dor doch mit los! Oder meenst, dat ik hier in Hamborg verhungern will? Lot mi bloß erst vor Sanjuan wesen: ik will jem dor bi wat anners, ik will jem räukern! Wohr di vor Hein Godenwind, Moskitonien, dütmol is he nich wedder so dumm! Holl di munter, Viet!«

»Ik meent ok so, Hein.«

***

»Wat wull he noch von di, Vadder?«

»He wull Geld hebben!«

»Un worum hest du em nix geben, wenn he doch verlegen is?«

De ol Breckwoldt lach: »De un verlegen? De hett mehr Geld as ik! Mien Jung, wenn een dor unnen twintig Johr Admirol oder Seeräuber weest is, (dat is ungefähr eendont!) denn hett he genog for sien Lebenstied, oder he muß so dösig sien, dat em de Geus biet. Und dat Hein Godenwind nich op den Kopp fulln is, hest doch woll markt.«

»He sä ober doch, he harr nix mehr.«

»Dat is Politik von em, mien Jung, he denkt, wenn ik Geld von em to kriegen heff, denn bün ik dor beter achteran, dat he sien Pangschon kriegt! Ik kenn Hein Godenwind.«

»Sull he woll mit de Jalk losseiln?«

»Dat kriegt he klor. Hein Godenwind is een beusen Drieber un vor den Dübel in de Höll nich bang!«

As Pablo Lopez, de Söhn von den Minister, sik noher sien Lackscheuhspitzen vorsichtig mit een Ledderdook afreben harr, leet he sik von den Boten, de all bannig op sien Kantüffelland achter Barmbek spitz un all gorkeen Tied mehr harr, den Rock afbossen. He versoch noch mol sien Glück bi dat lütte Fräulein, ober de sä wedder ne. Dunn leet he sik von Herrn Meier den Breef un dat Kobel an de moskitonsche Regeerung un dat Geld dorfor geben, twolf Mark tohop, un sä, he wull de Post sülbst besorgen.

Meier nick. (Och du mein Gott, ik heff Meier jo noch nich vorstellt: Meier weur de Stift, ohn den dat Geschäft nich bestohn kunn! Düssen Ogenblick schreef he een Ansichtskort an sien »Brut«! Sehnsüchtig horche ich auf das Rauschen der Blätter, stunn all dor: de Blöd weurn notürlich de Blöd von de Kopierbeuker.)

Pablo gung rut un mok sik for dat Geld een lustigen Obend mit de Deerns. Den Breef un dat Telegramm reet he twei. Dorbi lach he, gliek noher mok he ober doch een trurig Gesicht: wat koß dat een Geld in Hamborg! Un dorbi harr he noch all sien Tüch pumpt: bloß de Stebelbannen, de he mol an de Eck von den Steendamm kofft harr, weurn bor betohlt.

Söftens: Jalk ahoi!

As de Admirol sien Admirolitätsstroot fot harr, seh dat ut, as wenn de Rottengrieper von Homeln ankeem, so veel Görn leepen em no: he sull wedder mol fief Penn in de Grabbel smieten. Sogor de ganz lütten Krabben, de noch nich mol ornlich snacken kunnen, reepen all mit: »Fief Penn in Dabbel!«
»Na, denn kiek ut!«, gröhl Hein toletzt un dä so, as wenn he smieten wull. Un as nu een öbern annern henfull un se um den halben Groschen een gefährliche Togelee moken, do mok Hein, dat he de Böntrepp ropkeem. Kum weur he weg, do susen de Froonslüd ut de Wohnungen rut un gungen mit Uhlen un Bessens un Schrubbers op de Kinner dol, dat se jem man wedder uteenanner kreegen.
»De verdreihte Hein Godenwind!«

***

As Hein in de Kojüt rin keem, reep he: »Hüt will ik bloß vergneugte Minschen um mi rum hebben! Seilmoker, de Harmoniko her un een lustigen opspeelt! Den Anna-Susannen-Walzer!« Un he fung an to singen:
»Mien Anna Susanna, dat Hart is noch jung!
De Been de möt mit un ik bring di in Swunk
Un ik ei di un dreih di un küsel di rum:
Mien Anna Susanna, wees mooi un kumm!«
As Anna Susanna dat heurn dä, leet se de Schulln in de Pann broden un keem von de Kök röberhüppelt. Se dach nich anners, as dat Hein opt Konsulot dat Geld kreegen harr un dat se nu ehr Miete betohln kunn, – un dat bör ehr de Been bannig op. Anna Susanna weur een mooi Wief, lebennig as son Grasseeber, – dor fleug de Ploten in de Eck, noch god to Foot, – dor nehm se den Rock op un danz mit den Admirol in de Kojüt rum un op de Deel lang un no de Kök rin un wed-

der trück, jümmer beter bi! De Stürmann lach un de Seilmoker speel, as wenn de norrsche Deern vor em opt Achterdeck danzen dä.

»Hein, mi blifft de Luft weg!«

»Nochmol öber de Deel!«, reep Hein in sien Öbermot un fung wedder an to singen:

»*Mien Anna Susanna, wat danzt du so fein,*
Mien Anna Susanna, wat kannst du di dreihn!
Mien Anna Susanna, mien Deern un mien Popp,
Mien Anna Susanna, ik drück di een op!«

Ne – nu bebert mi de Fedder! – de reine polsche Weertschopp: Hein Godenwind kreeg sien Loschimudder um de Tallje to foten un drück ehr een op, (un dat weur verdammi keen dänschen Kuß, man een deftigen Hamborger Seuten weurt) un Anna Susanna, de sik doch wat schomen sull, de juch as een junge Deern von dusen Weken! Un Barbarossa sleug vor Vergneugen jümmer mit de Hand op de Knee. (Gott sei Dank: he sleug op sien eegen Knee, harr he vullicht op Anna Susanna ehr Knee haut, denn harr ik de Fedder hensmeeten un keen Word mehr schreeben! Hamborg, den twölften Dookmoond 1911. Gorch Fock.)

»Ik bün ganz all«, reep Anna Susanna, »un kann mi nich wehrn!« »Na, denn man noch een Seuten«, lach Hein, »wenn du di doch nich wehrn kannst!« »Du büs jo een von de ganz Driesten, Hein Godenwind!« »Jä, Deern, dat kummt noch von de Omozonenkeunigin her!« »Fang bloß nich wedder mit *de* Olsch an«, reep Anna Susanna un heul sik de Ohrn to. »Na, Hein, hest Geld kreegen?«, freug de Stürmann. »Ne, keen Centavo«, lach Hein, do harr he ober Anna Susanna int Appelmoos pett. »Wat? Wat? Wat is dat?«, reep se, »du hest keen Geld mitbrocht?« »Nee, mien Deern, is noch nix komen.« »Un denn kummst du hier grotbrittonsch rin, lettst di opspeeln, holst mi grandessig af, singst un danzst hier rum un drückst mi noch sogar een op? Du büs jo een ganz osigen Kerl! Hest du nu würklich keen Geld mitbrocht?«

»Wat wöllt wi mit Geld?«, lach Hein, »ich hasse den schnöden Mammon! De Hauptsook is, dat wi een Schipp hefft! Kumm, lot uns man noch een afpetten!«

Anna Susanna weur ober falsch as een Katt un sä: »Kumm mi bloß nich an! Och ik arme Froo, denn sitt ik jo noch jüst so in de Brennettel un mutt mi öbermorgen op de Stroot setten loten!«

»Öbermorgen sünd wi all op uns Schipp«, sä Hein, »hest woll all heurt, Anna Susanna, dat wi utkratzen wöllt! Wi fiert all den Krom nachts dorcht Finster un seilt no See, denn kann uns keen Viez un keen Husweert wat don!«

»Ik do dat ober nich mit«, sä Anna Susanna, »ik will een ehrliche Froo blieben!«

»Du warst gornich lang frogt«, lach Hein, »Tau umt Lief, hiev op un fier weg, klor is de Krom!«

»Hein, dat is ober swor Unrecht!«, sä de Seilmoker.

»Worum?«, freug Hein, »wi könt ehr doch nich bi de Been ophüsen?«

»Ne, dat wi so bedregen wöllt, Hein, dat is Unrecht!«

»Seilmoker«, sä Hein ernst, »nu mok man keen Dook up See un stell di hier nich mit den Kajissen hen as son Levit! Is dat vullicht keen Unrecht, dat se mi in Moskitonien afsett hefft, dat se mi keen Pangschon mehr betohlt, dat de Viez uns rutsetten will, dat Viet Breckwoldt mi keen Geld lehn will? Ik will nich verhungern, Seilmoker: ik will mi mien Geld holn! Unrecht, dat soveel Spoß mokt – oder meenst, dat dat keen Spoß mokt, wenn wi allns utpackt? – son Unrecht do ik jeden Dag tweemol! Un hier hest noch een groten Knoken for dien hungerig Geweten, Seilmoker: wenn ik mien Geld heff, ward allns betohlt! Also Unrecht is dat gornich: wi hollt uns bloß boben Woters, bet de Tieden beter ward. Du warst öberhaupt ok nich frogt, Seilmoker: Tamp unner de Arms dorch un dol int Rum! Di frogt wi ok nich erst, Stürmann!«

»Deit ok nich neutig«, reep Barbarossa, »ik goh mit Kußhand mit!«

Anna Susanna ober leep mit een Gesicht rum, as wenn se dat Welträtsel leusen wull.

Un as se tosehn harrn, ob se noch brodte Schulln muchen un de dree Fohrnslüd een beeten to Middag sleepen, as se dat gewohnt weurn, do leep Anna Susanna gau mol öber de Stroot un sus bi de Froo mit de swarten Katten un de swarten Godinen rin, de ut Ungorisch-Eimsbüttel stamm un wohrseggen kunn un in de Zeitung son lütte Rubrik mit ehrn Nom harr.

Anna Susanna geef ehr erst een Groschen, ober dor kreeg se noch nich veel for to weeten: Anna Susanna rück noch een Groschen raf, do leet dat Schicksol all een beten mehr mit sik hanneln, un as se noch een Groschen ut de Knipptasch kreeg, do mok dat Schicksol all een ganz fründlich Gesicht: »Ihr Vorhaben verschafft Ihnen viel Sorge und Kummer, aber die Sterne werden es mit Sonnenschein erquicken. Sie haben viel Wasser vor sich und werden eine große Reise machen, welche viele Gefahren birgt, aber die Planeten sind Ihnen günstig und Sie werden viel Glück in Ihren Unternehmungen haben. Ihre Feinde wollen Sie schaden, aber der Sieg ist bei Ihnen!«

Dat weur jo all ganz god, ober Anna Susanna weur doch nich ganz tofreeden. Se geef de Sybille noch eenen Groschen un sä: nu sull se de de Korten nochmol slogen. Dat dä de Kattenolsch un do keemt rut: erstmol: Anna Susanna keem von See god un gesund wedder trück; tweetens, se kreeg noch een barg Geld; drüttens, se verheirot sik noch wedder mit een goden Mann.

Mehr kunn un wull Anna Susanna forn Groschen nich verlangen: se reep: »Nu holl ober op, sünst komt woll sogor noch Görn!« Aber se gung doch geruhig un vergneugt wedder no Hus un dach: nu geihst du mit! In de Kök stell se sik ober all gliek mol vor den Spiegel un bekeek sik von vorn bet achtern, steek sik ok gliek de Hoor beten beter op un grübel jümmer, wat se denn noch forn Mann kriegen sull un ob he woll so utseh as Hein Godenwind oder as Jan Dübel oder as Eggert Sietas.

De dree Mannslüd weurn all wedder mobil un drängeln, dat se sik optokeln sull. De Seilmoker un de Stürmann gungen ehr weg: de wulln mit de Bohn dolfohrn no Mottenborg un denn to Foot no Dübelsbrügg: de Seilmoker wull jo leever to Hus blieben as den Foot wedder op een Damper setten, sä he, he harr dor een Eed um don un den kunn he nich breken.

***

»Deubel ok, Anna Susanna, du hest di jo bannig robinsoneert«, sä Hein, as se an den Boomwall op den greunen Damper petten, »dor fehlt jo bloß noch de dorchbroken Strump, denn gungst du for een von de achtuntwintig Bildhübschen dorch.«

Se stott em aber deftig an un sä, he sull doch bloß nich so hart snacken; de Lüd keeken jo sowieso all jümmer no jem hen.

De »Burchard« host mit jem los – Hein harr de ganze Elw op den Kieker un leet keen Schipp vorbi, ohn sien Meenung doröber to seggen. Toletzt heur de halbe Damper no em hen.

Dat Anleggen von den Damper gefull em in de Tüt nich: to Altno sus he no de Kummandobrügg rop un sä den Käppen ornlich de Wacht an von wegen dat dummerhaftige Stürn, dat jo een Beernfeuhrer beter klor kreeg. De Käppen weur tofälligerwies een von de, de Hein noch Geld to geben harrn, un wil Hein so bannig lostaifuneer, kreeg he bi de Gelegenheit ok noch sien twintig Mark von Kloos Niebers. Dat gefull em un as he sik wedder bi Anna Susanna hensett, sä he: »Deern, den heff ik fix in de Kniep hatt, de hett mi in sien Angst gau twintig Mark geben, dat ik em bloß nich anmell!« »Hein, dat lügst du«, sä Anna Susanna. »So«, freug Hein un heul ehr de twintig Mark unner de Nees, »leg ik dat vullicht ok?« – »Hein, ik gläuf, du kannst hexen.« ...

Achter Neemöhln wull Hein, de grote Kinnerfründ, mit twee lütte Jungens snacken, de an de Reeling von den Damper seeten, ober de Jungens verstunnen em nich. Un jemehr Mudder, de dorbiseet, sä: plattdütsch verstunnen ehr Kinner nich: se lehr jem bloß hochdütsch. Hein sä, dat heul he nich for richtig: Hamborger Jungens, de keen Platt kunnen, weurn in sien Ogen öberhaupt keen Hamborger Jungens mehr. Un se sull Paul Wriede dat man nich heurn loten un sull man nich so stolz sien. Och, sä de Madam, se wör nich stolz un ehr Mann ok nich: de wör Vorarbeiter, ober he snack mit jeden gewuehnlichen Arbeitsmann, jo, dat dä he. Ober jemehr Kinner ertrocken se so, as se wulln! »Allright«, sä Hein, »mi kannt jo eendont wesen! Görn, löhnt jo dor nich so wiet öber de Reeling!«

De Jungens weurn so bannig wild un dammelig: Hein wohrschoo je noch mehrmols op plattdütsch, ober se verstunnen em jo nich un heurn nich op. Dwars vont Köhlfleet keem een Sloman dicht an jem vorbi un smeet een temliche Dünung op: de greune Damper kreeg dat Dümpeln un hol eenmol temlich öber, do verlör de een Jung, de gegen

Hein sien Wohrschon wedder op de Bank steegen weur, dat Gliekgewicht un füll koppheister öber Bord.

Hein sprung em no un duk, bet he em wedder harr. Meist harr he dorbi in de Schruf kommen, so dicht keem he dor an lang. Wat een Larm an Bord, de Froonslüd bölken hushoch un de Mannslüd smeeten Banken un Korkfenners öber Bord! De Damper kreeg em rum un fisch Hein bald wedder op.

»Dat kummt dorvon, wenn de Görn keen Plattdütsch lehrt ward«, sä he lut to de Mudder von den Jungen, dat dat öbert ganze Schipp to heurn weur, »denn heurt se nich op un nix. Nu bring dien Jungen man no nedden un treck em anner Tüch an un denn fang an un lehr em plattdütsch, dat em sowat nich wedder posseert!«

Un he lach un schüddel dat Woter af as een Hund, de swemmt hett, un sä, dat Bad harr em bi de Warms god don. Un as de Damper gliek noher to Dübelsbrügg anleg, jump he gau rut un leep de Brügg in Sprüngen rop, dat Anna Susanna kum mitkomen kunn.

All de Lüd keeken em no un allerwärts heet dat: Hein Godenwind is dat west!

Hein dreih sik ober nich um: he harr sien Jalk in Sicht kreegen!

Achtens: Nordnordwest – an Bord op best!

De Bek von Dübelsbrügg is een lütte Inbuchtung von de Elw mit een lütten Kai an de Südkant. Dat weur Lotertied un se weur ganz dreuch lopen, allerwärts keek de brune Slick ut. Dor leg een löschen Strohewer un een leddige Schut, achterto twee ole aftokelte Blankneser Fischerewers (eben dat noch dat S. B. to lesen weur) un merden dortwüschen de dicke hollandsche Jalk »Neerlands Flag«.

Dat weur een von de groten, breeten Jalken mit de dickbackige Snut un dat dicke, breete Gatt, mit den schrägen Mast un den langen lieken Flögel, mit de korte krumme Gaffel un den ewiglangen Giekboom, mit de swarten Sweerten un dat witte Deckshus, mit dat korte Bogspreet un dat breete Ror, mit de swarten Luken un de greune Plicht.

To hunnerten seilt düsse Jalken twüschen Dünkarken un Kronstadt op See rum un reegenwies liggt se Dag for Dag in den Köhlbrand un lurt op Fracht.

Leddig süht son Jalk meist ut as son dicke fette Kluckheen.

De mehrsten feuhrt de hollandsche Flagg un hefft Froo un Kinner von den Schipper an Bord.

***

Hein Godenwind sien Tüch weur all meist wedder dreuch, as he mit Anna Susanna den Kai lang weur un vor de Jalk stunn, so god meen de Sünn dat.

He stell sik erst mol hen un bekeek sien Seeschipp von boben bet nedden.

Bet he de Ehrenport seh un dat Lachen kreeg: dor, wo all dat Steg utlecht weur, smeet sik ornlich een Ool op: twüschen de Fallen un Wanten weur ut Wichelnbüsch un Beesen un Kattenblomen een greun un rote Port mokt. Boben över weur een Lukenbrett fastmokt un dor stunn opmolt:

Den Admirol Hein Godenwind,
den kennt in Hamborg jedes Kind,
den kennt in England jeder Lord,
o Heinrich, sei gegrüßt an Bord!

»Dat hett de Stürmann sik mol wedder bannig poetisch utklamüstert«, lach Hein, »meist, as wenn Liljenkron dat mokt hett!«

Anna Susanna meen ober, dat wör Tüdelee. »Nu heur bloß, Hein, wat se all vergneugt sünd! Wat se singt, sogor de ole dreuge Seilmoker!«

Ut dat Hus opt Achterdeck leet sik ok würklich »Gesank un Lautenspill« heurn, as op son Folksawend von de Nedderdütsh Sellshopp to Hamborg.

»Dat deit dat Woter«, reep Hein mit blanke Ogen, »dat mokt ole Fohrnslüd wedder frisch. In Moskitonien weur ok mol een olen Seemann utknepen, de wull von den Atlantik no den Pazifik lopen: no veertein Dog brochen em de Indioners ober trück: he weur boben op de Bargen liggen bleeben un dor verdost: he weur all ganz tosomdreugt un se sän all, he weur dot. Ik kreeg em ober her un leet em in Soltwoter leggen: Anna Susanna, no een Veddelstunn weur uns Moot wedder opleeft, du magst dat gläuben oder nich. Ne, goh noch nich an Bord, Deern, kumm, wi sett uns hier erst een beten int Gras, bet ik dreuch bün, un heurt mol to.«

Hein pack sik strecklang op den Sand un Anna Susanna sett sik op ehrn bunten Unnerrock. Un de beiden heurn to, wat de lütte Tingeltangel achter in de Jalk opt Programm harr.

Erst keem dat scheune Leed von Jantje:

Een Jantje harr twee Bruten,
een binnen un een buten;
De binnen wem Kotrino Dick,
de buten weur de Schunerbrigg.

De Deern de free een Snieder,
dat Schipp seil jümmer wieder;

*den Jantje quäl nich Luv un Lee –
do is he bleeben op de See...*

un gliek dorachteran keem, wat bi all de Seemannsleeder achteran kummt as de Steert achtern Koter:

*Denn es fällt mir so schwer,
aus der Heimat zu gehn,
wenn die Hoffnung nicht wär'
auf ein Wiederwiedersehn!*

»Wat dat Woter nich all deit!«, sä Hein vergneugt.

*Was nützt wohl dem Seemann sein Geld,
wenn er ins Wasser fällt?
Was nützt wohl dem Seemann die Braut...*

»Wie kann Wasser solch große Dinge tun, much ik meist mit Luther frogen«, sä Hein un stunn op.
»Wenn dor Rum un Zucker to kummt«, antwor Anna Susanna dreuch, »dat de een Duntje hefft, kannst doch all lang marken!«
Hein schech mit ehr an Bord un se gungen öber de Luken no achtern.
Int Hus seeten de beiden olen Fohrnslüd op den Disch, mit de Puckels gegeneenanner, as de Odlers op den rußschen Kaiser sien Wopen. Un de Seilmoker reet an sien Harmoniko rum, as wenn he ehr nich twei kriegen kunn. Un de Stürmann seet barft dor, mit opkrempelte Büxen, mit Slick besprütt as son Ollanner Kleigrober, un sung, as wenn de Geist von Coruso öber em komen wör.
Anna Susanna schüddel bloß den Kopp.
Hein ober, de reep: »Dat deit dat Woter, wat, Jungens?«
»Ne, Hein, Hein, Heinerich, dat deit de Grog!«, lach de Seilmoker, de all een beten Ballast op de Tung harr, un de Stürmann gröhl: »Halloh, Hein, geihst mit lang? Anna Susanna, sullst mi man ok mol een Seuten geben! Du, Hein, hier is dat nu doch son Hitt, nich? Jä, ober in Hoporando hett dat güstern noch sneet!« »Un in Hamborg hefft se hüt woll noch Isbreekers mokt?« »Dicht bi den sülbern Lepel, Hein!«

»Nu segg mi bloß mol, wat hier los is?«, schull Hein un kunn doch dat Lachen nich verbieten, »Seilmoker, wat kummst du bi de Harmoniko?«

»De hefft wi mitnohmen, Hein, ne: Heinerich will ik nu jümmer to di seggen; de hefft wi mitnohmen, Barbarossa un ik, un do sünd wi mol dorch all de Schenken trocken, de wi unnerwegens dreepen, Heinerich, un hefft sungen un speelt, un sünd von de Janmooten fein trakteert worden, hefft een barg Wohltäters funnen! Weest woll Bescheed, Heinerich! Von wegen!«

»Ob du nu Schellfisch sechst oder fix schellst, Hein, amuseert hefft wi uns doch«, reep de Stürmann, »Minsch, wat hefft wi uns amuseert! Un fein dun worden sünd wi ok. Un Fiefmarkveertein hefft wi ok noch dorbi sammelt, Hein, kiek hier: Huttjepanutje. Ik jümmer mit de Mütz rum!«

»Un noher hett he ingelsch Jeck danzt, Hein«, sä de Seilmoker un lang wedder no sien Harmoniko, »do wulln se sik rein scheef lachen!«

Anna Susanna mok noch een beus Gesicht un sä to Hein: »Un mit son Lüd wullt du no See!«

Hein lach ober all wedder: »Lot man god sien, mien Deern: de slechtsten Matrosen an Land sünd noch jümmer de besten Matrosen op See west.« Wieder keem he nich: de beiden Hamborger Stadtmuskanten legen wedder los: erst: Heil dir, o Oldenburg…, denn: Wir lustigen Hannoveraner…, denn: *God save the king*…, denn: Sleswig-Holstein, meerumslungen…, denn: *Stars and Stripes*…, denn: Stadt Hamborg an der Elbe Auen, wie bist du stattlich anzuschauen… Hein un Anna Susanna keemen öberhaupt nich mehr to Word.

»Sühso hefft wi dat mokt, Heinerich«, reep de Seilmoker, »jeden to Gefalln, so hefft wi jem all rum kreegen!«

»Wat könt ji woll so an de Sprit gohn«, schull Anna Susanna, de ober ok all dat Lachen kreeg.

»Morgen goht wi wedder los«, sä de Stürmann, un de Seilmoker reep: »Jo, Heinerich, dat dot wi, dat is een fein Geschäft.«

»Morgen goht wi no See«, dunner do ober Hein dortwüschen, »un de mi von Bord geiht, de ward an de Gaffel ophangt, ji Nudelkassenkerls!«

De Seilmoker harr noch wat op den Harten: »Bi Jens Petersen fung dat an, Heinerich, dor wulln wi uns een lütten Selzer to Gemüt feuhrn: do seet dor een boben op de Toonbank un freug uns olen Fohrnslüd, wo wi fohrn dän. Wi fohrt bi Godenwind, secht Barbarossa. Bi goden Wind fohr ik ok, secht de Janmoot. Ik fohr ok bi goden Wind, roppt de anner. Un toletzt sän se all: se fohrn ok all bi goden Wind! Lögen, Lögen!, secht Barbarossa. Eggert Seilmoker un ik fohrt bi Godenwind: ji annern ober nich! Dat wulln se ober nich wohr hebben: ganz gewiß fohrn se bi goden Wind, reepen se. Se kreegen dat Strieden op Leben un Dot, Hein, keen bi Godenwind fohrn dä un keen nich, un harrn sik bald kloppt. Toletzt kreeg ik een Infall un sä: Junggäst, ik heff den Hamborger Brand all beleeft un bün vullicht de Öllst hier op de Back: lot mi mol eben an den Wind komen! Dat kann jo doch licht sien, dat dat noch mehr von de Godenwinds gifft: wi beiden hier fohrt bi *Hein* Godenwind, bi den Admirol von Moskitonien, wo fohrt ji nu bi? Heinerich, do fungen se an to lachen un sän: an di harrn se nich dacht: se harrn meent, se fohrn, *wenn de Wind god wör!* Do hefft wi uns wedder verdrogen, Heinerich, un hefft den Freeden ornlich natt mokt – un so is dat komen! Ober scheun weurt doch, Heinerich, to scheun!«

»Nu man mol all an Deck«, sä Hein, »un lot uns mol uns Schipp bekieken!«

»Jo, man rut«, schull Anna Susanna, »dat de ole sure Spritgeruch sik hier gornich erst fastsetten kann!«

Se gungen nu alltohop an Deck un bekeeken dat Schipp von binnen un buten. De Stürmann jump glik wedder bet an de Knee in den Slik rin un befeuhl un bekneep de Jalk nedden, as wenn he een Doktor weur un dat Schipp een kranken Minsch. Dorbi snack he jümmer to, dat de Jalk Teer un Smeer hebben muß.

Hein gung mit Anna Susanna öber Deck un wies ehr all den Krom, den de Hollanners an düsse Jalken sorr de Nibelungentied bedacht un utfunnig mokt hefft.

Un noher kreeg jeder glik sien Schippsarbeit, beid Wachen: de Stürbordwach (dat weurn Hein un Anna Susanna) un de Backbordwach (dat weurn de Stürmann un de Seilmoker) mussen klor stohn. Erst worr dat Schipp lenzt pumpt, denn keem de Boot vont Deck, denn holn se de Seils ut de Plicht, sleugen jem an un setten jem op, dat se mol wedder ornlich dorchdreugen sulln; se decken de Lucken af, steeken dat Bogspreet ut un dweilen dat Deck. As Anna Susanna dat sehn dä, kreeg se de Hamborger Reinmokerkrankheit un fung gliek an, son lütt Schürfest aftoholln: Hein muß Woter drägen as Hummel un Anna Susanna gung, in Hemdsmauen un mit een olen Zuckersack as Ploten vor, mit Schrubber un Leuwogen op de Kojüt dol. Un dreef de Ruh dorut, de dor öbern Johr in wohnt harr.

As noher de Floot öber den Slick lopen keem un de Jalk sik opt Woter weegen dä, sä Hein, se wulln man utscheiden un erst mol Foftein moken. De Stürmann gung no Dübelsbrügg rop un hol Kaffe un Brot un Botter, Anna Susanna harr sik een poor von de brodten Schulln mitbrocht: Ketel un Tassen funnen sik noch in de Ecken, Holt soch Hein eben op den Sand twüschen den Feek. Dor sull woll een sein Obendbrot von warrn! Se eten all veer no de ungewohnte Arbeit as de Schündöschers! Binnen weurt to warm, dorum setten se sik op de Luken, unner dat grote Seil, un keeken bit Eten un Drinken no de Scheep op de Elw un de Wogens op de Elwschossee.

Se bleeben ok noch sitten, as se mit dat Obendbrot schier weurn, un sehn de Lichten opfluckern, as dat schummerig warrn dä.

Anna Susanna knütt an ehrn Strump, de Seilmoker, de wedder ganz still worden weur, seet beten wieder weg un grübel all wedder: Hein un de Stürmann snacken von Teer un Smeer un Wind un Wedder.

»Hein, de Hauptsok is: hoch versekern! Hoch versekern, Hein! Hoch versekern, segg ik di nochmol!« So prester Barbarossa jümmer wedder, bet Hein nicken dä un sä: »Jo, versekern möt wi.«

»Ober hoch, Hein, hoch, hoch! Denn will ik woll stürn, Hein!«

»Hein, wat heet dat Schipp eegentlich?«, freug Anna Susanna.

»Neerlands Flag«, sä Hein, »den Nom könt wi ober nich bruken, Stürmann, den pinsel morgen man gliek öber: wer weet, ob Pieter Dekker nich noch Schulden dor op hett!« »Denn mol ik ober een goden Hamborger Nom an, Hein«, antwor de Stürmann, »Wopen von Hamborg oder De Admirol von Hamborg.«

»Ne«, reep Hein, »bat molt wi noher an, wenn wi op den Atlantik sünd. Solang wi noch op de Elw blieft, mutt de Jalk butenlandsch

Schipp sien: de Viez kunn mol de Elw afseuken un kreegt rut! Mol man erst mol an: Ons Wilhelmintje van Vlaardingen!«

In de Wicheln sungen de Grashüppers un opt Woter gungen de witten, roten un greunen Lichten vorbi un de Blinkfürn smeeten jemehrn hellen Blink dortwüschen. Op de grote Elwstroot roll een Kutsch achter de anner no Hamborg rop un von Blanknees keem een Damper achter den annern un een noch vuller von Minschen as de anner. De swarte Rook trock öber de ganze Elw. Ewers seiln mit jemehr hogen, sworen, swarten Seils as Gespenster vorbi. Von de Brooeree weur de Konzertmusik eben un eben to heurn.

Noher, as de grote, geele Moon achter Kohwarder ut den Hobendook steeg un öbert Woter glirrn dä, worr dat stiller un geruhiger. De Obendwind mok de Elw krus, reug sinnig an de Seils un klopp mit de lütten Seen an den Steven von de Jalk, as wenn he seggen wull: Wardt nich all Tied?

»Nu is dat düster genog«, sä Hein, »nu seilt wi ut de Bek rut. Beter is beter: wer weet, wo hoch Pieter Dekker noch mit Hobengeld an de Kried steiht.«

Anna Susanna sleug vor, he sull denn doch gliek no Hamborg ropseiln, ober dat wull he ok nich: he sä, se mussen erst in de Admirolitätsstroot allens trechtstelln, dat se noher ok in een Nacht klor warrn kunnen.

Do moken se in de Schummeree de Jalk los, hieven den Draggen op un scheuben ut de Bek rut. Un de Flotstrom un de südliche Wind brochen jem langsom de Elw rop. Hein stunn ant Ror un keek no de Fürn un no dat grote, swarte Seil rop un leet veel von sien Schippfohrt dorch sien Kopp gohn. De Stürmann stunn an de Fock un de Seilmoker löhn an de Wanten. Anna Susanna seet op de Luken un freug mitunner mol wat. De annern snacken wenig.

So dreeben se unner dat hoge holsteensche Öwer, achter dat dat helle Nordlicht stunn, geruhig no boben un dat Licht von de rote un greune Sietenlanterns speel mit den Moon opt Woter.

Eben vor den Köhlbrand smeeten se to Süden vont Fohrwoter Anker, nehmen de Seils dol un setten de Nachtlatern op den Steven. As dat don weur, wrigg de Stürmann de dree annern in de Boot no Altno röber: he sülbst wull gliek an Bord blieben, sä he.

Hein geef em Geld, dor sull he den annern Morgen Proverjant for käupen, un gung mit Anna Susanna un den Seilmoker no Hamborg rop.

Barbarossa ober schipper wedder no de Jalk raf un leet sik von de Damper-Dünung in Slop weegen.

Negtens: Rut mit de Olsch in de Freuhjohrsluft!

De Mondag harr een bannig Arbeitsgesicht achter de Admirolitätsstroot: Hein un Anna Susanna stelln de ganze Wohnung op den Kopp, nehmen de Biller von de Wannen, packen allns tohop un moken allns fort Uttrecken to Schick. Dat koß veel Sweet bi de Warms, ober se weurn bet Middag doch temlich schier. De Seilmoker mok een Gesicht, as wenn he den Kors verlorn harr. Em dän all de Hoor op den Kopp weh, he harr ok de ganze Nacht nich slopen kunnt. He keem un keem nich ober de harmonikonsche Grogreis von Hamborg bet Dübelsbrügg weg un schüddel sik jümmer, as wenn he dat kolde Feeber harr. »Seilmoker, wenn di freert, denn treck man mien Islanner an«, sä Hein.

»Hein, Hein, wat heff ik bloß mokt! Wat kunn ik sowat don! Mi so dun to supen! Jede Druppen is Gift un Unrecht!«

»Nanu, Seilmoker, kriegst du nu hüt een lütten Zeppelin?«, reep Hein, »kiek mol, Seilmoker: hett nich sogor Kristus op de Hochtied to Kono den Wien ut Woter mokt? Wenn dat so slimm wör mit dat Drinken, denn harr he woll den Wien in Woter verwannelt, gläuf ik! Süh, un dorum lot ik op een lütt Glas Grog nix komen. Wenn ji dat notürlich noch mol wedder so mokt as güstern, denn ward ji teert un feddert: ober nu vergeet de Sook man!«

»Ne, Hein, dat kann ik nich! Ik heff mi to swor versünnigt – – – un Ellen heff ik sorr güstern ok noch nich wedder sehn!«

»Wo is de Deern denn?«

»Unner Deck: se hett noch nich eenmol wedder utkeeken. Se will nix mehr mit mi to don hebben.«

»Seilmoker, du dräumst! Ellen will woll wedder an Deck komen«, treust Hein, ober de blinne Fohrnsmann schüddel den Kopp un gläuf dor nich an.

As se eten harrn, – Anna Susanna harr de Schulln wedder opwarmt! – un de beiden Mannslüd sleepen, kreeg Anna Susanna dat nochmol mit de Bebers un mit ehr Geweten to kriegen, un dat holp ehr nix, se muß noch de letzten dree Groschen no de Kortenleggersch un Wohrseggersch röber dregen un sik nochmal den tweeten Mann op den Disch smieten loten. Do kreeg se wedder frischen Mot.

No de Tied stunn Hein op de Altnoer Damperbrügg un reep öber Barbarossa, de op de Jalk boben in de Mast seet un labsalwen dä, ober de Stürmann heur nich op, he smeer wieder un dä, as wenn he nix heurt harr.

Hein heul de Hannen an den Mund un gröhl all wat he kunn: »Stüüüüürmaaaann!« De Stürmann keek ober gornich erst op: he dach: bölk, soveel du wullt: ik kann di hier noch nich bruken un hol di noch nich.

»Stüüüüürmaaaaann!«

Do keem ok all een Moorborger Bur an un sä: se verloden dor grod Veeh op den Horborger Damper: Hein much doch so lang dat Gröhln opstoppen, bet se dormit klor wörn: een Schop wör all int Woter sprungen un de Perd wörn ganz wild.

»Stüüüüürmaaaaaann!«

All de Lüd keeken sik no Hein um un de Sleepers op de Elw stoppen eenen Ogenblick: se dachen, dor muß wat posseert sien. Een Mann, de »Füür« verstohn harr, sleug de Schief von een Fürmeller in un reep de Fürwehr.

»Stüüüüürmaaaaaann!«

Do keem een von de Hobenrunn an, klopp Hein op de Schuller un sä: dat gung ober nich un op he nich noch harter ropen kunn.

»Mol mien best don«, sä Hein un leg wedder los: »Stüüüürmaaaann!«

Ob he nich recht in den Kopp wör? – freug de Mann mit de blanken Knöp.

»Ik rop mienen Stürmann«, sä Hein, »drohtlose Telegrofie hefft wi noch nich op de Mast, dorum möt wi dat mit de Kehl afmoken! Stüüüüürmaaaaann!«

De Hobenrunn wull em nu fastnehmen, ober de grote Hein keek vergneugt op de lütte Mück un sä: »Paß du man op, dat Hein Godenwind di nich ut Versehn in de Westentasch steckt, denn hest du genog to don! Stüüüüürmaaaaann!«

Hein harr woll noch ganz Altno unruhig mokt: ober ton goden Glück (for Altno!) kreeg he twee Smietnettfischers in Sicht, de jüst vont Fischmarkt no den Köhlbrand röberschippern wulln. Hein reep ober jem – de Kortlangs weurnt! – un steeg bi jem in de Boot rin.

»Nu kiek an!«, reep he, as he halbenweg gewohr wor, dat de Jalk all ehrn Nom wesselt harr un nu »Ons Wilhelmintje« heet. He muß sik ober noch mehr wunnern, as he bit Neugerkomen seh, dat dat ganze Schipp frisch molt un farft un teert un smeert weur un blinkern un loten dä as de Regenbogen.

Op dat Lukenbrett, dat güstern den scheunen Spruch herwiest harr, stunn nu: »Frisch molt! Nich anfoten, sunst hefft wi *english spoken here*!«

As Hein dat lees, muß he doch so lachen, dat Barbarossa, de noch jümmer boben in de Mast op den Maststohl seet, den Pinsel falln leet un mol opkieken muß.

»Stürmann, büs du dov?«

»Ne, Hein, wat sull ik dov sien?«

»Hest mi denn nich ropen heurt?«

»Ropen nich, Hein, ober gröhln!«

»Worum holst mi denn nich?«

»Ik kunn di hier noch nich an Deck bruken un kann di nu ok noch nich bruken! Wat meenst du eegentlich: hier is allns molt un farft un dat is all noch nich dreuch: dor sallst du mi so noch nich rop! Fisch man noch een halbe Stunn mit Kortlang!«

»Na, wenn de Schippers all nich mehr an Bord to seggen hefft as du, Hein, denn süht dat bedreuft ut mit de Schippfohrt«, lach de Smietnettfischer.

»Du hest god snacken, Kortlang«, sä Hein, »kumm, lot uns man fischen! Mit Barbarossa is slecht Kasbeern eten, de langt jümmer no de Eerbeern.«

Se fischen nu een Tied lang twüschen de Dükdollen von Roß un kreegen ok recht een poor scheune, dicke Bütt fot, dat Hein ut de half Stunn een ganze mok. Den goden Fang schreef he sik notürlich gliek op sien Reeken: »Kortlang, mi sullst man jeden Dag mitnehmen, denn wör de Elw bald leddig von Fisch un du kunnst di een Filla an de Alster käupen.«

As se toletzt wedder bi de Jalk langsiet weurn, harr de Stürmann de Mast grod klorlabsalwt. He streek mit den Dumen öber de Reeling un sä godmeudig: »Wenn di de Scheuh uttrecken wullt, Hein, denn turn mientwegen rop!«

»Kortlang«, lach Hein, »wat sechst du dorto? Is dat nich jüst so as op Sinoi? Kiek mol, de fürige Busch is Barbarossa sien roten Bort un de Stimm ut den Busch secht: Zeuch deine Schuhe von den Füßen!«

To den Stürmann sä he ober: »Stürmann, vor de Moschee von Smirno heff ik de Scheuh uttrecken mußt, ober vor di Muschi Blix do ik dat nich!«

He mußt ober doch in Goden don: de Stürmann leet em anners nich rop.

Kortlang kunn alleen wiederfischen: Hein dach em noch een Taß Kaffe to geben, ober de Stürmann harr noch nix klor.

Hein bekeek nu dat Schipp op Strumpsocken un weur bannig tofreeden, dat all allns so in Wichs weur. »San Soltwoter, dat is jo een bannigen Stoot in de Koot, Stürmann! Wo hest bloß all de Farf herkreegen? Stunn dor noch soveel von int Schapp?« »Heff ik kofft!« »Kofft? Harrst du denn *plenty money*?« »Jo, Hein, de fief Mark, de de Seilmoker un ik güstern mit uns Singen un Speeln verdeent hefft, un de fiefuntwintig Mark, de du mi geben hest.«

Wenn Hein nu een ol Wief west wör, denn harr he de Hannen öbern Kopp tohop flogen: he weur öbern olen Fohrnsmann: dorum steek he jem deep in de Büxentaschen un leep opregt an Deck op un dol. »Dor sullst du doch Proverjant for käupen, Barbarossa! Du kannst eenen würklich all de Freid ant Schipp verdarben. Worum hest denn keen Proverjant holt?« »Is dat keen Proverjant?« »Ne, dat is Teer un Smeer!« »Dat dä ober op greutst neutig!« »Minsch, wat mokst du bloß for Kuddelmuddel, Stürmann! For de ganzen dortig Mark kofft du Farf?« Hein leep wedder von vorn no achtern.

»Hein, ober fein slopen deit sik dat an Bord: dor hest du noch keen Ohnung von! Jümmer dat sinnige Dümpeln von de Jalk un dat feine Klucken vont Woter un denn mit eenmol tut een Damper un de Dünung danzt mit di op un dol! Hein, dat is wat!«

»Will ik nix von heurn«, schull Hein, »anners vertellst mi woll noch sogor von de Musik, de de Fleuhn mokt hefft. Harrst man nich so dummerhaftig inkäupen sullt, du Insurgent! Wo söllt wi denn nu wat to eten kriegen? Magst du Supp von Teer oder Klüten von Zinnober? Oder kannst du Grütt ut roten Mennich moken? As Tobrot gifft dat woll Seildook un Tauenns?«

»Hein, du hest doch noch Geld?«

»Ne, ik heff nix mehr! Meenst, dat ik een Geldschieter to Hus heff? Ik bün blank bet op den letzten Penn!«

»Denn hest du doch Kredit, Hein! Op dien Nom packt se mi de ganze Boot vull Proverjant, dat heff ik erst woll all markt! Hein, lot dien Brummkreuseln man no: ik schipper an Land un hol allns, wat wi brukt, un wennt for tein Weeken is! Ik segg allerwärts: for Hein Godenwind, he betohlt noher sülbst; denn krieg ik allns, wat ik hebben will.«

Hein bekeek dat blenkern Schipp in Gedanken un sä: »Fein is dat worden, Stürmann, von Moleree weest Du wat af! Wat hest du de Finstern vont Hus bloß so bunt kreegen? Stürmann, ik hol nich gern to Borg: ik kannt nich! Ik kann nich bedeln, Stürmann, leeber stehl ik mi wat! Dat is mi güstern sur genog worden, Viet Breckwoldt um Geld antogohn: dat do ik nich wedder! Wenn du wullt, denn schipper mol an Land un bruk mien Nom as Sesam-do-di-open!«

De Stürmann mok de Boot klor un leet sik den Reem geben.

»Stürmann, wi möt uns boben holln, bet dat Geld kummt, oder wi möt hen no Moskitonien un dat Geld mit Huroh holn! Nu könt wi uns ober so lang nich in Sur leggen, inpökeln geiht ok nich un in Sprit setten is ok keen Plon: wi möt sehn, dat wi leven blieft! Preuf erst mol, wat mien Nom wert is!«

No een gode Stunn keem de Stürmann wedder, mit een leddig Boot, un schimp Mord un Brand: dat ganze Leben wör for de Katt un de ganze Minschheit wör keen Schuß Pulver wert.

»Stürmann«, sä Hein, »dat will ik di seggen un dorbi blief ik, un wenn mi allns gegen den Streek geiht un wenn de Moskiters mi teinmol verhungern lot: dorbi blief ik: *de Minschheit is god: de poor Schubberjacken tellt gornich mit*! Wat hest denn mit em hatt?«

»Hein, ik heff nix kreegen! Hein Godenwind kann jo nich mol sien Miete betohln, sän se, un wenn he wat to Borg hebben will, denn lot em man sülbst komen. Son Wrucken! Erst, as ik mit Geld keem, sän se: Geld harrst gornich brukt, Hein Godenwind harrn wi ok gern wat op Pump geben: nu weurt ober all nich mehr wohr.«

»Jä, Stürmann, so sünd de Minschen mol. Du harrst dat so moken mußt, as ik güstern mit den giezigen Kassen. As se sän, dat geef ok Kredit, do harrst du batz dien Geld wedder insteeken mußt un seggen: Scheun, denn *write down*! Nu is ober to lot!«

»Hein, verseker man hoch, denn will ik jem woll wiesen, wat een Hark is!«

»Wi möt sehn, dat wi erst noch een poor lütte Frachtreisen dot, Stürmann, un uns Proverjant verdeent. For de ersten Dog hett Anna Susanna woll noch wat in Solt! Anners, Stürmann, wenn Hamborg mi mit Gewalt ton Störtebeker moken will, denn is dat ok god!«

De Nomiddag leep de beiden olen Fohrnslüd bi allerhand Decks- un Rumarbeit as son rußschen Windhund hen. As de Floot um de Jalk speeln dä, holn se de Seils op, hieven den Draggen un seiln bi de Wind no Hamborg rop, wennt ok nich so gau gung, as ik dat hier henschrie- ben do.

Bin Jonas smeeten se dat Grotseil dol, eben vorn Boomwall full ok de Fock un Hein greep no den Hoken, bideß de Stürmann dat Ror anfoten muß. Hein kört sik an de Schuten un Sleepers lang, as wenn he sien Leefdag Hamborger Ewerfeuhrer west wör.

As se an de Tollbrügg anlecht harrn, mok Hein een Gesicht as son olen, ehrlichen Seemann, nehm sik den Kunterleur an de Siet un freug em sinnig, ob he nich gern smeuk. Un as de jo sä, steek he em twee von de goden Hovannos to, de he den Dag vorher von Viet Breckwoldt kreegen harr. Un he freug em, ob he em nich mol to een Glas Wien inloden droff! De Tollmann, de jo nu dach, dat Hein dat ganze Schipp vull Smuggelwor harr un dor mit dorch den Toll rüschen wull, lach in sik rin, sä to allns jo un dach: Stopp, di krieg ik, Hein Godenwind! Hein verspreuk em noch een utstoppte Meuw, een ol Indionerkäs- mest un een optokelt Vullschipp un sä toletzt, ob he nu nich so dorch- schippern droff! De Herr Assistent bruk jo bloß so to don, as wenn he revendeern dä: dorfor weurn se doch gode Frünn.

Dor harr de Tollmann ober bloß op lurt: he mok een ernsthaftig Gesicht un sä: he leet sik nich besteeken un so wieder, von sien Plicht gung he nich af! Dormit gung he an Bord un unner Deck un Luken to seuken un to stökern, as wenn he den Dreihworm kreegen harr. De Stürmann muß mit dol un em Schippsgelegenheit wiesen: Hein ober, de bleef an Deck stohn un lach sik ornlich ut, dat he den Tollmann so anfeuhrt harr.

Dat Lachen klung in de Ohrn von Emil Sandt, de achter sien Schriefdisch seet: he keek op un as he Hein Godenwind seh, den he ganz god kenn, leg he de Fedder hen un keem dol: »Hein Godenwind, wo wullt du denn hen?« »Ik will no Moskitonien röber!« »Mit den Appelkohn?« »Kennst du nich, Sandt: dat is een Seeschipp as keen tweet! In dortig Dog bün ik övern Atlantik, dat dat man so räukert!« »Dat kann nich angohn, Godenwind!« »Nanu? Wenn du mit dien Frigidus in dree Dog no Neejork flüchst, denn will ik mit mien Jalk doch woll in dortig no Moskitonien komen?«

De beiden snacken noch een ganze Tied, bideß de anner Tollkerl as son willen Mann de Sook angung, allerwärts anklopp un öberall rinsteek un allns umdreih: he dach Hein Godenwind to foten! Toletzt keem he ober doch wedder an Deck, swart un natt, un mell, dat he nix funnen harr un keek Hein dorbi so fünsch an, as wenn he em noch nich troen dä.

Hein nehm sien Hoken wedder op un hok de Jalk wieder, bet no dat Herrlichkeitsfleet rin. Dor leg he erst noch een ganze Tied eben achter dat ole Wesenhus un lur, dat dat düster warrn sull.

De helle Heben gefull em wenig, ober he kunn sik de Storm- un Dooknachten jo nich mehr utseuken: den annern Dag wull de Viez jo all komen. »Nu fritt bloß nich all de Wulken op«, sä he to den Moon un wies em de Fust.

Noher, as dat ganz düster weur, scheuf Hein de Jalk langsom an de Hüs lang bet unner Anna Susanna ehr Finstern, deck de middelsten Luken op, schick den Stürmann int Rum un sä to em: he sull god oppassen un allns god verstaun. Wenn een frogen sull, Hobenrunn oder sowatgodes, sull he eenfach seggen: Hein Godenwind treck um un de helpen wull, kunn noch mit ankomen.

Anna Susanna keek ut dat Finster un wink. Se weur nomiddogs nochmol no de Wohrseggersch röberhult. As de Korten ober wedder so god fulln, do harr se wedder Mot kreegen un nu weur se vergneugt as Kasper sien Trino.

Hein klau an de Wanten rop un steeg int Finster. »Man nich bang, Anna Susanna«, sä he. Ober se lach un sä, se wör nich bang: wat dat togung, dat kreeg he ober nich to weeten.

De Seilmoker seet in deepe Gedanken op Anna Susanna ehr lütte Komod un meen, he seet to Hoboken an de Pier op sien Seemannskist. »Seilmoker, hest Ellen all wedder sehn?« »Ne, se is noch jümmer in de Poop.«

Hein harr dat wedder in de Kehl sitten, den Seilmoker in een Snieder umtodeupen, wil he jümmer mit Ellen to don harr, ober he kreeg dat wedder nich klor.

»Is so wiet!«

Hein krempel sik de Arms op un fier nu den ganzen Tostand un Husstand Stück bi Stück ut de Finstern rut: Steuhls un Dischen, Biller un Spiegel, Fürkiek un Pißpott. Dat stunn allns prot un gung Hein von de Hand as Akkordarbeit.

Mol geef dat een Kiekut: een lütte Barkaß hoß dat Fleet lang. »Wat is denn hier los?«, freug de Mann.

»Dor quäl di man nich um, sallst du keen Loperee von hebben«, reep Hein.

»Ji wöllt woll utkniepen, wat?«

»Geiht di gornix an! Greut dien Großmudder un ernähr dien Froo un Kinner!«

As de Barkaß no düsse Fründlichkeiten vorbi weur, keem dat Dolfiern wedder in Swung. No annerthalf Stunnen harr Hein in sien Iwer de mehrste Arbeit all achter sik: bloß de groten Schappen fehln noch, de muß he erst noch uteenanner nehmen: so gungen se nich dorcht Finster. As dat don weur, reep he dol: »Stürmann, de Krom is all: smiet de Luken to!«

Nu keem de Seilmoker an de Reeg.

»Hein, lot mi nich falln, dat segg ik di in Goden!« Un Hein nehm sien olen, blinnen Seilmoker op den Puckel, klau mit em op de Finsterbank, jump no de Wanten von de Jalk un broch em seker an Deck.

Do klau he wedder no boben: »So, Anna Susanna, nu kummst du an de Reeg!« »Ne, Hein, dorcht Finster goh ik nich: wat süht dat ut!« »Kumm, is jo düster!« »Ne, Hein, ich magt nich don!« »Dor hest een Band: binn di de Röck tohop, wenn bang büs, dat de di opweiht!«

»Ne, Hein, ik kann mi op den Puckel ok solang nich holln!« »Ik nehm di op den Arm, mien Deern!« »Wullt mi ok nich kniepen, Hein?« »Wat sull ik di kniepen, mien Deern! Kumm!« Ober Anna Susanna neih em nochmol wedder ut: »Ne, ne, ik goh vorn rut: schippert man no de Slomotjenbrügg un holt mi dor af!«

»Och wat, is allns ut de Finstern komen, denn muß du ok rut«, reep Hein, hol Anna Susanna ut de Kök rut un nehm ehr op den Arm, so dull as se ok spaddeln dä, klau mit ehr de Wanten dol un sett ehr op Deck hen. »Meist as in Fenedig«, lach he, »dor boben de Polazzo, hier unnen de Gonnel, de Wanten, de Strickletter un Romeo holt sik sien Julia bi Nacht un Moonschien von den Balkong dol!«

Anna Susanna sä ober: »Kniepen gellt doch nich, Hein!«

Hein klau nochmol wedder de Wanten rop un gung dat letzte Mol dorch de leddige Wohnung. He wull noch een deftig Adjüst an de Dör schrieben, ober as he de kohlen Wannen seh un sien Träd so dump noklingen heur, stunn em dor doch nich de Kopp no un he steeg geruhig wedder ut dat Finster, mokt von buten to un klau wedder op de Jalk trück.

»Nu kannt losgohn!«

Dat wull ok all hell warrn. Hein hok sik wedder no den Boomwall trück, hol dor Fock un Grotseil op un seil de Elw dol. As de Flot jem in de Meut keem, weurn se ungefähr wedder op de Städ von güstern: se fiern de Seils dol, sochen de Betten her un gungen erstmol mit allemann un eenfroo to Koje.

Un sleepen erst mol ornlich ut.

Anna Susanna harr sik de Achterkojüt klor mokt: dor weur se ganz for sik alleen: de dree Mannslüd mußen de Kojen op de Deel nehmen. Son Jalk, for Hollandsmann mit Froo un negen Kinner, een Jung un een Bestmann bot, hett een barg Kojen. (So, nu sünd Leessüster un Leesbrur doch beruhigt, nich wohr?)

Teitens: De Krieg mit de Wanzen

No Middag keemen de Veer so bi lütten wedder to Been.

Hein wull gliek sieter dol seiln, ober dat weur den Stürmann nich mit: he sä, he harr de Jalk butenbords noch nich klor, dor wör se noch ganz greun: ehr se dor nich in Trimm wör, seil se nich! Un denn muß se ok noch versekert warrn: Hein sull sik man no de Börs ropsteebeln un hoch versekern.

»Dat is ok wohr«, sä Hein, »ober vondog is dat all to lot, denn mutt ik morgen rop.«

Anna Susanna meen ober, he sull ehr man leeber verklorn, wat se to Middag koken sull. »Och, Hein, Hein!« »Tähnpien, Anna Susanna?« »Ik mutt soveel an de Wohnung denken. Dor hangt nu de Stuten an den Drücker un nüms holt jem rin: de ward jo ganz old un dreuch.« »Och«, sä Hein, »dat is man ebensoveel: de Viez kummt jo doch mit de Pollizei: de will de Stuten woll mitnehmen, denn hett he doch wenigstens *wat* rett! Junge, den sien Gesicht much ik sehn! Anna Susanna, du mokst de brodten Schulln wedder warm, denn sünd wi fein tor Mohltied.«

»Du meenst ok woll, de Schulln reckt bit Wihnachten«, sä Anna Susanna, »vorgüstern hest acht opeten un güstern tein! Meenst, dat dor noch wat von no is?« »Scheun, denn mok de Schulln nich warm! Stürmann, hier sünd noch twolf Mark, nu schipper an Land un hol wat, ober keen Farf wedder, anners warst in den Rook hungen.«

Do geeft Arfen un Speck.

Not Eten weur noch een barg Arbeit to don: de ganze Husstand muß um- un oppackt warrn. Wat in de Kojüt un int Hus ringung, stelln se dor op, un Hein mok sik wedder son lütt Museum trecht. Anna Susanna stell ehr Blomen vor de Finstern un mok Godinen an. Vor dat Kieklicht von de Achterdör hung se von binnen een dicht Dook, dat nüms mehr rinkieken kunn, ok de drooke Hein Godenwind nich. De

Stürmann muß jümmer mit Homer un Nogel un Biel un Betel achter ehr ran un ehr bald düt un bald dat moken.

As halber Nomiddag een slanke Bries dorchkeem, kreeg Hein mit eenmol lohme Arms un sä: he wull een beten for de Lust seiln. De Stürmann brumm, ober Hein sett eenfach de Seils op, sogor Binnen- un Butenklüver, un klüs los. Bet Schulau wichs he em dol un sung un lach, un de Seilmoker gung in Lee op un dol, as wenn he wedder op sien norrsche Bark wör.

Anna Susanna schür un schrupp op Leben un Dot un de Stürmann klopp un timmer, as wenn he dat betohlt kreeg, he paß ober doch scharp op un as Hein bi de Lüh dolsmieten wull, dreef he em, dat he wedder umkehr un mit de Flot wedder no Neemöhln ropschumen dä.

Obends worr de Wind wedder stiller un se kunnen wedder op Deck sitten un no de Lichten un de Scheep kieken. So veel as den Obend vorher weur nich los: keen Musik un lang nich so veel Beut. Boben weur bloß mitunner mol een Wogen to heurn un de Dampers weurn man wenig besett. Von den Strand un von den Finkwarder Audiek weurn mol de Kinner to heurn. Wiet achterto op de Slickfalln schreen de jungen Meuwen. De Wind geef sik ganz: as Gespenster dreeben de Ewers un Jachten mit jemehr groten, swarten Seils an jem vorbi.

Anna Susanna wulln de Ogen tofalln, dorum stunn se bald op un sä Gunnacht.

De dree op grote Fohrt bleeben ober noch buten sitten.

»Nu sett wi an uns Leben, dat all ut to wesen schien, getrost noch een Stück achteran«, sä Hein un keek no den langen Flögel rop. »Arbeit un dat Woter, dat hett uns twintig Johr fehlt! Gott sei Dank, nu hefft wit wedder!«

De Seilmoker sä nix: he keek wedder wiet öbert Woter: ober de Stürmann geef dor doch een lütten Stremel bi un meen: »Verseker de Arche Noah man god, Hein!«

As se noch so seeten un keeken, keem een Dreuchewer vont Nor- derfohrwoter röber drieben, smeet dicht bi jem sien Anker ut un leet sien Seils half sacken. De beiden Lüd gungen in de Klapp, as se dat don harrn, de Schipper wrigg ober noch mol mit sien Boot weg un keem op de Jalk to. Mit een geruhigen »Gunnobend« un een lütten Swunkdiop klau he öber den Settbord un sett sik merden twüschen de dree Olen, keek jem no de Reeg an, wunner sik öber den eenen noch mehr as öber den annern un fung toletzt an: »Neerlanners, pratert ji ok plattdütsch?«

»Hier an Bord ward negen Sproken snackt«, sä Hein, »hollandsch, ingelsch, norrsch, spoonsch, itoljensch, franzeusch, dütsch, deitsch un mekelnborgsch!«

»Och ne«, sä de Schipper.

»Jo«, sä Hein.

»Ik bün Peter Quast von Drochtersen«, fung de Schipper wedder an, »se heet mi den Botterquast bihus. Jo, dat dot se. Ik kann so scheun bottern. Jo, dat kann ik. Hebbt ji Fracht?«

»Wi brukt keen Fracht: wi griept Seehunnen for Hogenbeck«, sä Hein. »Hier op de Elw?« »Ne, buten op See!« »So, so! Dode oder lebennige?« »Lebennige!« »Ne!« »Jo!« »Non, wat mokt ji dat denn?« »Dat dröft wi nich seggen!« »Wat lohnt dat denn dorfor?« »Dat dröft wi ok nich seggen! Weh dem, der danach Gelüsten trägt, Botterquast!«

Botterquast schul wedder von eenen no den annern un kunn dat doch nich klok kriegen, wat mit jem los weur. He gläuf stief an Hexeree un Speukenkrom un dach jümmer wedder: sullst ok bi den fleegen Hollanner op de Luken sitten? Toletzt mok he sik ober doch noch mol driest un freug: »Wat is dat denn bi jo mit de *Wanzen?* Piert se jo ok ornlich? Wi hebbt een tonehmen Moon, denn sünd se jümmer extro hungerig!«

»Wanzen?«, freug Hein, »wat heet dat: Wanzen? Sünd dat nich de lütten Tiern? Ik heff mien Leefdag noch keen Wanz sehn. Kennt wi gornich, Botterquast!«

Botterquast leet meist sien Kalkstummel falln, so verjog he sik. Dat weur em to wunnerlich: een Schipp ohn Wanzen harr he noch nich kennen lehrt. »Doch!« »Ne, ik segg di dat jo: wi hefft keen!« »Och, ji möt doch Wanzen hebben?« »Ne, wi hefft keen.«

Hein säh dat noch ganz geruhig, ober he spör doch all son beten wat von Jöken int Blot. »Hest du denn Wanzen, Botterquast?« »Mien ganze Ewer grimmelt un wimmelt dorvan, Nobers! Wanzen soveel: all de Ritzen sitt vull un de Ös sünd nich wegtokriegen! Un an son Obend, südlichen Wind un warm, denn sünd se bannig lebennig, denn hebbt se Mobilmokung! Jo, dat hebbt se! Denn hebb ik jem beus op de Streek! Jo, dat hebb ik. Dorum hebb ik mien beiden Lüd nu ok erst to Koje schickt: kiek mol: nu krupt de hungerigen Vogels jo all no de jemehr Kojen hen un mokt sik dor lustig: wenn ik noher kom, denn sünd se satt un lot mi tofreeden, denn kann ik geruhig slopen. Jo, dat kann ik. Hett all sien Wetenschopp, jo, jo!«

Nu fung ok all de Stürmann an, sik to reuhrn, un rüsch een Stück wieder weg. Hein harr sik ok all sinnig wegbugsiert un de Seilmoker mok ok Anstalten, wieder weg to komen. Botterquast seet all temlich alleen an Stürbordsiet: »Sünd ganz eegenortige Dinger, düsse Vogels: bi Ostenwind sitt se ganz still in de Ecken, rein so unschullig as de Lämmer: ober lot denn den Wind ut Westen oder Süden komen un denn son beten Regen, de warm opt Deck drüppelt, Junge, Junge, ik kann di seggen, denn is dat een lütten Scheedünner, denn sünd se as de hungerigen Wölf, denn kannst di man wegwohrn, oha! Ik kann wat van de Wanzen vertelln! Jo, dat kann ik. *Johrenden* studeer ik dor nu all op! Listig sünd de Dinger nu, dor mokt sik keeneen eenen Begriff van. Mol mok ik een Nacht een beten Licht: do seeten dor woll son hunnertfoftig in een Reeg an de Wand...«

»Dat holl de Dübel ut«, reep Hein un sprung op. – »Ne, de Dübel hollt de ok nich ut«, sä de Stürmann Jan Dübel un kratz sik. »Verdreihte Botterquast«, reep Hein, »ik will di hier bi watt anners!« Un he kreeg den Schipper bin Kanthoken, sett em in sien Boot rin, geef de Boot een geheurigen Schubs, dat se no den Ewer röberschumen dä, un reep em no: »Angenehme Wanzenjagd, Botterquast! Wi hefft keen Tied mehr, möt Seehunnen griepen!«

Botterquast schüddel noch jümmer den Kopp, as he all lang an Bord stunn, un as he in de Kojüt keem, sä he to sien Lüd, de noch mehr Turnstunn harrn, as dat se still legen: »Eben bün ik würklich bi den fleegen Hollanner an Bord west, Jan un Hinnik!«

***

Op de Jalk ober stunnen dree Mann un schürn un schubsen sik an all de Ecken un Kanten un kratzen un klein sik, as wenn se narrsch worden wörrn. Un een stöhn noch mehr as de anner: »De verdammte Botterquast! ... De Wanzenjakob de! ... De Wanzenprofesser... mi jökt dat öbert ganze Lief! ... Mi ok! ... Un mi erst, Hein.« Toletzt reef Hein sik an de Mast, de Stürmann ant Deckshus un de Seilmoker ant Ror, dat de ganze Jalk int Dümpeln keem un dat würklich to verwunnern weur, dat Anna Susanna nich in de Nachtjack rutkeem.

»Dat ward een beuse Nacht«, stöhn de Seilmoker, »ik goh gornich erst no unnen, Hein.« »Veel Slop ward wi woll nich kriegen«, schull de Stürmann, »de verdreihte Wanzenschipper! Hein, wöllt wi röber un em mol ornlich afjacken?«

»Ik weet mi to helpen«, sä Hein. Un he trock sik nokt ut, jump öber Bord un swemm dreemol um de Jalk rum. Do klau he wedder öber de Reeling, hol sik den Homer ut de Plicht, (lieber hochdeutscher Leser: nicht den alten Vater Homer, sondern den Hammer!) soch sik den Haublock her, leg Hemd un Unnerbüx op un bearbeit jem son lütte Ewigkeit mit den groten Homer, jümmer beter bi. Denn heul he dat Tüch över Bord un schüddelt ornlich ut. »Dat is Massenmord, ober to entschulligen«, lach he, trock Hemd un Unnerbüx wedder an un sä: »So, nu hef ik een got Geweten un slop as son Rott. Gunnacht, Jungens, slopt man god un lot jo man bieten!«

Olftens: Schipp god versekern!

De Stürmann gung Hein bald no. De Seilmoker bleef ober an Deck: he wuß, dat he vor Botterquast sien Wanzen un vor sien eegen Gedanken doch nich slop warrn kunn.

Erst gung he jümmer an Stürbordsiet op un dol, as all de Seelüd dot, de nachts Wach hefft un sik warm un wok holln wöllt. Wenn sik opt Woter wat reug, bleef he stohn: keem denn een Damper vorbi, denn drau he em mit de Fust: wenn ober een Seil fleug oder een Gaffel knarr, denn frei he sik un reep mol sinnig öbert Woter. Noher dach he an de Boot un dat he ganz god beten schippern kunn: he mok dat Scheinleit open, soch sik den Reemen her un stott af. Verbiestern kunn he nich, dorfor harr he dat Scheinleit open sett: dat Snarken von den Stürmann weur nu wiet öbert Woter to heurn: dat weur sien Kumpaß. He wrigg in een groten Bogen jümmer um de Jalk rum un meen, de Deern von Kragerö seet vor em op de Ducht un keek em an. Mol dreih de Kumpaß sik ober batz rum: Barbarossa smeet sik op de anner Siet: de Seilmoker verlor den Kors! He kunn dat Snarken nich mehr heurn un dach all, dat he woll to wiet afkomen wör: gau smeet he den Draggen ut, sett sik op de Ducht un lur. Ton goden Glück swoi de Stürmann toletzt wedder rum: do kunn de Seilmoker wedder wiederschippern…

***

As Hein morgens utkeek, leep de Seilmoker ober wedder geruhig an Deck op un dol. »Seilmoker, verkeuhl di nich, goh mit dol: Anna Susanna hett den Kaffe gliek gor!«

Noher, as se all um den Disch seeten, sä Hein: »Stürmann, du mokst een Gesicht, as wenn ik di schanghait harr! De Wanzen hefft di woll meist opfreeten hüt Nacht, wat?«

Barbarossa sä bloß: »De verdreihte Botterquast.«

»Wanzen un Botterquast: wat is dat denn forn Tex?«, freug Anna Susanna, un Hein vertell ehr de Hög von den Obend vorher.

Dat Wedder bleef mooi: de Sünn steeg grot un scheun ut den Hamborger Rook rut un de blaue Elw blenker un glitzer as de Middellandsee twüschen Kopri un Neopel. Op de Jalk geeft noch allerhand to dweiln un to spleeßen. De Stürmann paß beus op den Kneel, dat keeneen so rum stohn dä. Bloß den Seilmoker schick he in de Puk. Twüschendorch wies Hein Anna Susanna de Dampers un Scheep, de dol gungen un opkeemen. »Kiek dor, Deern, een Franzos: de kummt von Hower! Deern, Hower, dat is wat! Deerns komt dor an Bord, gottsverdori! Wat, Stürmann?«

»Will ik nix von heurn«, sä Anna Susanna un sprütt em fix natt.

Noher full Hein dat op, dat all de lütten Sleepers un Seilfohrtüchen, de von boben dolkeemen, ganz dicht bi jem langheuln un all so dwatsch frogen un stichelen dän: »Halloh, Hein, büs all bald hen no Moskitonien? ... Du, Hein, hest de Miete all betohlt? ... Hein Godenwind, heur mol: dor achter kummt de Viez, kniep man gau ut! ... Du, Hein Admirol, hest all heurt? In de Admirolitätsstroot sall een sien Miete nich betohlt hebben! ... Na, Hein, den halben Weg hest jo all bald! ... « So gung dat alle Ogenblick, dat Hein sik toletzt all ümmer son beten ducken dä, wenn wedder een in Sicht keem un all mehr Versteeken speeln dä as anners wat. »Dat is jowoll all in den ganzen Hoben rum«, sä he, »de Tollüd backt dat woll jedereenen op de Nees un schickt uns woll noch den Viez un de Opsnappers von de Zeitungen op den Hals. Wi wöllt man sehn, dat wi no See komt! Un wöllt dat Schipp man erst mol gau umdöpen, dat wi nich soveel Oploop mehr hefft. Wat sall de Jalk heeten?« »Ellen«, sä de Seilmoker sinnig. »Ne, dat is keen hollandschen Nom.« »Anna Susanna«, sä Anna Susanna öbermeudig. »Dat muchst woll!« »Störtebeker«, reep de Stürmann. »Veel to willen Nom«, sä Hein, »de Onschuld van Dordrecht sall de Jalk heeten! Gliek dorbi, Stürmann!«

As dat Hochwoter weur, holn se de »Onschuld« bi Ritscher op den Strand un leeten ehr dor mit de Ebb op den Dreugen komen. De Stürmann gliek to Woter un losschruppt. As de Sand utkeek, muß Anna Susanna mitsams den Seilmoker butenbords un helpen. Hein sull ok een warmen Teerquast in de Hand drückt kriegen: he sä ober, he wull mol los von wegen de Schippsversekerung un desenteer.

De Stürmann kreeg em noch mol achtert Ror vor de Bost to foten un sä: »Hoch versekern, Hein, leeber tweedusen mehr as hunnert weniger!«

»Un denn?«

»Dat anner is mien Part, Hein!«

Anna Susanna ober sä to em, he sull man mol bi Kräutermeier vorkieken: de Seilmoker seh ut as Jan Klapperbeen un harr sik gewiß wat opsackt.

As Hein in de Schummeree wedder an den Loden keem, weur he hungerig, dostig, meud un argerlich. »Du mokst een Gesicht as een Schirmhändler de dorchregent is«, sä de Stürmann, »wo hoch hest de Aßkranz ropdreeven, Hein?« »Op Nullkommanullnix«, reep Hein un smeet sien Mütz in de Eck. »Wat? Son Stootsfregatt wöllt se nich versekern?« »Ne, Stürmann, se hefft dor nich op beeten«, sä Hein, »ik heff de ganze Börs afkloppt, ober dor weur narrns to Pott to komen. Se hefft mi all wat utlacht! Pickenpack, du kennst em jo, Stürmann, fungt an: dat muchst woll, Hein? Toletzt reep de ganze Börs all meist, wo ik mi sehn leet: Dat muchst woll, Hein? Jedereen, den ik to Kleed gung von wegen de Versekerung, klopp mi op de Schuller un lach: Dat muchst woll, Hein? Anna Susanna, ik heff toletzt mitlachen un utkniepen mußt! De denkt, ik heff dat Schipp bloß kofft un willt hoch versekern, dat ikt an Grund setten kann!«

»Un dorbi hett dor keen Minsch an dacht«, sä de Stürmann scheinheilig.

»I gitt, wat for slechte Minschen«, reep Anna Susanna.

»Do wull ik Fracht seuken«, verteil Hein wieder, »ober dor weurt ok nix mit. Een unversekert Schipp kriegt keen Fracht. Ik bün von Wübbe bet Hübbe lopen: hett all nix nutzt!«

»Jä, un nu?«

»Nu? Jä, anner Lüd möt sik quäln, dat se dorch den Winter komt, denn möt wi sehn, dat wi dorch den Sommer komt«, sä Hein. »Wi könt jo man würklich Seehunnen for Hogenbeck griepen oder wi käupt uns een Fatt Kalk un mokt dor Melk von. Oder wi ward Seeräubers, wenn Hamborg dat nich anners will. Ehr wi nich Geld kreegen hefft un geheurig Proverjant käupen könt, is dat nix mit den Atlantik un mit de Reis no Moskitonien: von de poor fleegen Fisch, de opt Deck fallt, könt wi nich leben. Na, dat sall woll komen. Erstmol lop ik mien eegen Aßkranz, as all de Groten, Axen un Lloyd, dat dot.«

Anna Susanna gung no binnen un mok Für. As se weg weur, sä Hein: »Stürmann, se wöllt mit Gewalt Seeräubers ut uns moken: kann sien, dat jem dat glückt.« »Denn heet mi man gliek Godeke Michels«, lach de Stürmann wild.

As dat Woter keem, brochen se de »Onschuld« wedder int Fohrwoter rin un gungen to Süden vor Anker. Dat weur wedder son stillen, geruhigen Sommerobend un se seeten all wedder op Deck. Anna Susanna hol sik een Stohl, dat se een beten weeker to sitten keem.

Dwars von jem leg een ganz Schöf von de witten Lustjachten: de wull den Sünndag Regatto no de Lüh dol moken un weurn all von de Alster dorchslüst, dat de Scheep sik erst een beten an de Elw geweuhnen kunnen.

Merden dortwüschen leg de junge Breckwoldt mit sien »Elsabe Breckwoldt«. He seet mit sien Brut un noch een poor Frünnen un Fründinnen vergneugt achter un leet sik een Glas Wien smecken.

Hein wor em gliek dorch den Nachtkieker gewohr un wull mit de Boot röber schippern, ober dat lä de Stürmann nich: de Boot weur molt un noch klitschnatt. Hein wull ober doch gern mol no sien Geld frogen: do trock he sik achtert Seil nokt ut, jump sinnig öbert Bord un swemm ganz geruhig in den Düstern no den Lustkutter röber, ohn dat dor an Deck een wat marken dä. Mit een Mol ober lang he mit sien grote Hand op Deck rop, keek öber de Reeling un reep mit een ganz deepe Stimm: »Wat is dat mit Hein Godenwind sien Geld?«

Gottsverdori: de Sellschopp kreeg een Schreck! De Froonslüd krein, as wenn se brodt warrn sulln! De junge Breckwoldt ober sä: »Dat is Hein Godenwind!« Un keek int Woter rin, ober dor weurn bloß noch een poor Blosen to sehn. No een Tiedlang buk Hein ober op de anner Siet von de Jacht wedder op, fot sik an de Reeling an un lach: »Nobend, Herr Breckwoldt, wat ist mit mien Monne?« »Noch nix komen, Herr Admirol! Wo komt ji denn her?« »Dor von mien Schipp, von mien Jalk!« »Komt doch een beten rop, Herr Admirol!« »Ne, lot man«, lach Hein un keek de Froonslüd an, »ik heff keen

Swemmbüx an.« »Wöllt ji een mitdrinken, Herr Admirol?« »Ne, hier nich, ober wenn ji een Buddel missen könt, denn geeft mi man een mit an Bord!« »Gewiß! Woveel Lüd hefft ji?« Hein kreeg sien veer Buddel Wien, mit een Tau um den Hals bunnen, un swemm wedder no de Jalk röber. De Kuttergäst keeken em no, bet sien Kopp nich mehr to unnerscheeden weur.

»Dat weur he?«

»Jo, dat weur Hein Godenwind«, sä de junge Breckwoldt, göt de Glös wedder vull un vertell jem von den Admirol von Moskitonien.

Op de Jalk weur de Freid grot, as Hein mit sien Büt ankeem, un Anna Susanna leep gliek in de Kojüt un soch ehr Wienglös her. Hein schenk in un de Stürmann fung an to singen:

»*Liebe Freunde, bleibet ledig,*
wie der Dosche von Fenedig... «

»Holt stopp!«, reep Hein, »wi wöllt as Hamborger Kinner doch leeber plattdütsch singen!«

Do sung de Stürmann vor un de annern brummen mit:

»*Hamborg, Lübeck, Bremen!*
Wi wöllt mol eenen nehmen!
Steut an toerst op goden Wind
for all uns Scheep, de buten sünd... «

»Una monumento, stoppi, stoppi«, gröhl Hein, »so heet dat nich! Dat heet: steut an erst op Hein Godenwind, dat he no de Moskiters findt! Nu – togliek!«

Un se sungen mit allemann:

»*Steut an erst op Hein Godenwind,*
dat he no de Moskiters findt!«

Bi de Gelegenheit worrn se wedder ganz lustig un vergeeten Viez un Fracht un Versekerung un allns, wat dor an bummeln un bammeln dä. Hein leet sogor Anna Susanna bobenbramseilhoch leben, dat se ganz schomvigolett worr un de Stürmann bestell sik Labskaus for den annern Dag, so peek em de Öbermot.

De Seilmoker heur wedder Gaffeln gnarrn un reep: »Gott segen all de Scheep, de unner Seils sünd!«

»Dat is recht«, sä Hein, »ober uns Herrgott geiht mit de Tied, Seilmoker: he denkt ok an de Dampers.«

***

In son Antworten weur Hein de Boos: ik denk dor jüst an de Versammlung von de Suffragetten bi Tütje, wo se Hein mit hinsleept harrn. As de Froonslüd dor nu ganz deftig loslecht un losdunnert harrn, do mell Hein sik ok to Word, ramm op den Disch un reep öber den Sool: »Un wenn de Heen teinmol kreit, dorum lecht de Hohn noch lang keen Eier! Gunnacht tohop: ik goh no Hus!«

***

De Seilmoker hol noch sien Harmoniko her un fung an to speeln, ganz sinnig, as wenn he dräumen dä. As he dat Leed von den Brand von de »Austria« speel un de Stürmann dorto sung:

> »*Brausend durch des Meeres Wogen*
> *fährt das Schiff, die Austria,*
> *reich mit Passaschiers beladen,*
> *zieht es nach Amerika...* «

do stunn Anna Susanna sinnig op un gung no binnen. »Wat sall dat denn?«, freug de Stürmann. »Dat Leed harrst nich singen mußt«, sä Hein, »mit de Austria is Anna Susanna ehr Vadder unnergohn.«

Een Tied bleeft dotstill op de Jalk, denn nehm de Seilmoker sien Harmoniko doch wedder op den Schoot un speel dat spoonsche Leed von de witte Duw: Mich rief es an Bord, es wehte ein kühler Wind...

Bi düt Leed sung se ok mit Hein af, de Erinnerung, dat he mennichen Dag noch mol int Gesicht kieken muß, un de Stürmann reet sik mit de swarte, süddütsche Deern af, de um em int Woter gohn weur...

Um de Jalk rum ober worr dat bi lütten lebennig: all de Roon- un Seilbeut, de noch op de Elw schippern, keemen neuger un gungen um dat Hollandsschipp rum, as de Mücken um dat Licht fleegt: de scheune, weeke Musik weur jem mehr as dat Wrack von de Atabaska, un as de Seilmoker opheur, klappen all de Lüd in de Hannen un een fette Stimm reep: »Speel dat Leed nochmol, Jan vont Moor, ik geef di ok een Doler!«

»Speel man, Seilmoker!«, stott Hein em an, ober de Seilmoker sä: »Ne, Hein, ik speel nich mehr for frömme Lüd.« »Du speelst for dien norrsche Kopteinsdeern, Seilmoker, dat heff ik all lang spört! Speel man nochmol!«

De Seilmoker kreeg sien Matrosenklovier wedder bi de Ohrn un speel dat Leed nochmol. Do roonen jümmer mehr Lüd her, dat dat toletzt ganz swart vull Beut weur. Noher klappen se noch mehr in de Hannen un de Jungkerl, de erst ropen harr, klau över de Reeling, klopp den Seilmoker op de Schuller un sä: »Hier hest dien Doler, Jan! Ik bün Stürmann mit grot Potent: ober wenn ik so speelen kunn, geef ik wat ut. Hier! Hier! Fot doch an, du Knappen.«

Hein heul Barbarossa fast, de opspringen un den Klokschieter öber Bord smieten wull, un sä ganz geruhig: »Geeft em den Doler man in de Hand, Stürmann: uns ol Seilmoker is blind. Un denn heet em nich Jan vont Moor: he hett fiefunveertig Johr op grote Scheep fohrn un de ganze Welt sehn.«

De junge Stürmann keek em grot an: de Stimm heur ok nich no een Torfkohn hen. He weur ober nich verlegen, stell sik an de Wanten hen un reep öbert Woter: »Herrschaften, de hier eben so großortig speelt hett, dat is een olen blinnen Fohrnsmann!« Un he heul de Pütz öber Bord un wies mit de Hand, op wat forn Ort un Wies de Beut ranschippern un jemehr Groschens afloden sulln. Dat klapper ok nich stecht in de Pütz un de Seilmoker kreeg toletzt een ganzen Hümpel Geld op Deck schütt.

De Stürmann klau wedder in sien Boot rin.

»Wat forn Schipp, Stürmann?«, freug Hein geruhig. »Vullschipp Palmyra, anner Week no Valporeis.« »Leeft de ol Pedro Jansen noch?« »Ne, de is dot.« »Un sien Dochter, de Mercedes?« »De hett nu de Schenk!« »Greut ehr man, Stürmann.« »Wovon?« »Von Hein Godenwind!«

***

»Süh, de Mekelnborger Sünn«, sä Hein noher, as de Moon keem, »de kummt uns bit Geldtelln topaß.« Söben Mark weurnt.

»God mittonehmen, Hein! Hier, nimm du jem!«

Bald noher, as all de Beut sik verkrümelt harrn, sä Hein: »Ruh int Schipp! Nachtslopen Tied!«

De Seilmoker sä ober, he wull wedder opblieben un den Klüver flicken, de all temlich twei wör. Dat do man bi Dog, wull Hein seggen, ober he besunn sik op den Seilmoker sien Blindheit un sä: »Jo, Seilmoker, for di ist ok jo jümmer Nacht.« »Hein, wo kannst du dat meenen«, sä de Seilmoker, »bi mi is niemols Nacht: jümmer Dag un Sünnschien, Hein.« Hein nick un sä: »Binn di obern wulln Dook um den Hals: du büs old un de Nachtluft is ruch! Gunnacht, Seilmoker! Kumm, Stürmann!«

De Stürmann harr ober noch genog von de Wanzenjagd un bleef an Deck, soch sik een ol Fockseil ut de Plicht un Wickel sik dor in. Dat frei den Seilmoker: he dach: wenn Jan an Deck sloppt, denn is sien Snarken jo meist bet Blanknees to heurn, wat kann ik denn forn grote Reis mit de Boot moken!

Erst soch he sik ober Seilhansch un Seilnodel her un lä sik den Butenklüver öber de Kneen.

Een Lüttsischer von Olwarder, de mit sien Joll vorbiseil, reep sien Jungen un sä: »Kiek, Simon, dor is dat *behext* Schipp wedder, nu kannst du sülbst sehn. Kiek: de ol Mann sitt merden in de Nacht op Deck un neiht Seils un dorbi snarkt de Kerl for foftein!«

Un se seiln gau vorbi.

As de Seilmoker den Klüver to Schick harr, klau he sinnig in de Boot rin un leet sik erst een Stück drieben, ehr he den Reemen utsteek: Barbarossa sull em nich heurn.

No een Tied reep dat ober jümmer: »Jan! Jan! Help mi! Jan! Jan! Help mi!« De Stürmann wok op un krop ut de Fock rut: »Wat is dor los? Seilmoker, büs du öber Bord fulln?« »Ne, Jan, ober ik drief mit de Boot weg! De is jo molt, dat heff ik jo nich weeten!« »Gotts Donnerwedder, wat deist ok dogs slopen un nachts schippern? Smiet doch den Draggen ut!« »Kann ik jo nich: ik bün jo op de Ducht fastbackt un de Reemen is mi ok all wegdreeben!« »Gotts Donnerwedder!« De Stürmann leep in de Koje un reep Hein. Hein keem glick in de

Unnerbüx rutsust un jump een – twee –dree öber Bord. He muß dütmol würklich wiesen, dat he swemmen kunn: de Boot weur all wiet weg un den Reemen kunn he erst gornich finnen, ober toletzt kreeg he doch allns wedder op den Dutt, bunn sik de Fangellien unner de Arms dorch un sleep de Boot langsom no de Jalk trück. Nu setten se den Seilmoker een Stropp umt Lief, moken de Talje klor un hieven em op Deck rop, trocken em de smeerige Büx ut un packen em in sien Koje. Hein muß doch lachen, as de Seilmoker em von den Snark-Kumpaß vertell, no den he stürt un schippert harr.

De Stürmann krop ok in sien Koje: he harr in de kolde Nachtluft dat Bebern kreegen.

Twolftens: Dat Schipp kriegt Ballast!

As dat Dag weur un Hein opstunn, sä he: »Mien Morgenbad heff ik jo all hüt Nacht nohmen: wi wöllt man gliek unner Seils gohn!« In de Fohrt full em ober in, dat se Ballast hebben mußen, wenn se no See wulln. Dat seh de Stürmann ok in: he wuß bloß nich, wo se den kriegen sulln: pützenwies opslogen oder schüffelwies insmieten, weur gornich no sien Mütz. Hein weur ok for den krummen Puckel bang un as he vor Finkwarder een von de groten Baggers liggen se, gung he batz to Anker un dach sik sien Plon trecht. Beten noher smeet he ok de Seils dol un lä sogor de Mast opt Deck.
»Wat sall dat denn bedüden?«, freug de Stürmann. Hein klau in de Boot, de nu dreuch weur, un schipper no den Bagger röber. Ne, *den* Sand kunn he nich bruken, dat seh he bald in: dat weur jo mehr Woter as Sand. He wrigg wieder un bekeek sik den neen, groten Schutenleddigmoker mit den langen Giraffenhals: de den Sand mit sien groten Gropen ut de Schuten hol, den Gropen an sien langen Hals langlopen leet un em op den annern Enn utschütt: dat weur wat anners: *de* Sand weur dreuch.
Hein säh de Schutenlüd Gunmeun un bekeek sik dat Spillwark erstmol. Dat gung ganz god; twüschen de Schut unt Land weur Platz genog: wenn he dor mit sien Jalk henhol, kunn he een – twee – dree bet an de Luken vullschütt warrn. Hein vertell de Lüd nu von de Reis no Moskitonien un dat he Ballast hebben muß. Wo he den ober kriegen sull: de Stürmann mit sien eenen Arm kunn keen Schüssel holln, de blinne Seilmoker smeet allns vorbi un wenn he alleen dorbi gung, denn dur dat to lang! Se sulln een Hamborger Jung man mol ut de Schiet helpen un em dat Rum eben mol vull Sand schütten: dorum mok Hamborg noch lang nich bankrott! Dor harrn se keen Angst vor,- sän se, ober vor den Olen! Op dat beten Sand keem dat gornich an, dat speul mit de Flot doch man wedder weg. Ober de Ol!

Hein kört sik an den Leddigmoker ran, sä den Olen Gunmorgen un verklor em ok de Reis no Klumbumbus sien Revier. »Deit woll nix, wenn ik mi dor eben mol twüschen Lipp un Kelchesrand henlech un eben vullschütt warr, wat?«

Ober de Käppen wull dor doch nich op bieten: »Hein, wenn de Krom mi toheurn dä, geef ik di tein Scheep vull Sand. Ober so droff ik dat nich vor de Lüd un ok vorn Stoot nich don. Hamborg geef di vullicht gern dat beten Sand, ober kiek mol, Hein: dorto muß du erst een Geseuk an den Senot moken un de Senot mutt doröber besluten un de Senot mutt een Andrag an de Börgerschopp stelln un de Börgerschopp mutt een Utschuß insetten un de Utschuß mutt achtein Sitzungen afholln un so wieder: dor storben wi woll all beid ober weg, Hein!«

Hein schipper wedder no sien Jalk hen un smeet sik opt Lurn. »Na, Hein, geiht dat Störtebekern nu bald los?«, freug de Stürmann, de den Seilmoker sien lädierte Maibüx afschrop. »Wat forn Tostand ok doch: Stürmann op grote Fohrt mutt hier Kötelfeger speeln, Hein!«

Hein sä ober to em, he sull oppassen, wenn de Ol no Hamborg ropgung mit den Sleeper. Un he mok in de Still dat Rum ganz leddig, verstau de Meubel un den annern Segen in de Plicht un deck de Luken af.

»Hein, dor dampt he lang«, sä de Stürmann. »Denn man to«, sä Hein un schipper mit de Jalk gau an den Leddigmoker ran, leg sik prot un reep: »So, nu schütt mi gau vull: ik heff mit den Olen snackt: he is dormit inverstohn, ober he droff dat jo notürlich nich sehn.«

Un he wink solang mit de Breckwoldt-Wienbuddels, bet de Lüd den Krom een beten anners deeßeln dän un em eben vullschütten. Lütte Tied: weur de Jalk vull. Hein deck gau de Luken to, smeet acht Groschen in de Grabbel, sett de Seils op un mok, dat he weg keem von de Schuten.

»Veel to veel«, sä de Stürmann, »dat Woter speult uns jo opt Deck!« Hein nicköpp. »Heff ik ok all spitz kreegen, Stürmann, wi goht veel to deep! Utsmieten is ok son Sook, denn ward dat Fohrwoter wedder dreuch: dat best is, wi seilt no Hamborg rop un verjudt de halbe Lodung! Vullicht könt wi dor noch tein Mark bi retten!«

Hein schipper sik wedder no de Hamborger Torns rop, hok sik in de Schummeree in de Fleeten lang, leet sik morgens no de Alster dorchslüsen un bunn de Jalk halber Vormiddag bit Atlantikhotel an. He befreug sik Geschäftsgelegenheit bi de Sandschippers, de dor all legen, gung hen un verklopp den ganzen Sand for dortig Mark f.o.b. Hamborg, dat heet: de Käuper muß sik den Sand sülbst ut dat Schipp holn.

De Seilmoker snupper bannig in de Luft rum un wuß erst gornich, wat los weur. Hein kreeg ober een Pütz mit Woter her, smeet dor een Backs Solt rin un sä: »Seilmoker, preuf dat Woter mol?« »Wat, Hein, hefft wi all Soltwoter fot? Kann jo woll gornich angohn! Wo sünd wi denn?«

»In Kuxhoben, Seilmoker.«

Twee Dog noher smeet Hein wedder Draggen bi den Leddigmoker un lur op, dat de Ol wedder von Bord gohn sull. Do vertell he de Schutenlüd een grote Räubergeschichte: de Jalk wör jem lecksprungen un he harr all den Sand utsmieten un kalfoten mußt. Viet Breckwoldt sien letzten Wienbuddel gung dorbi öber Bord, ober Hein kreeg sien Jalk doch wedder vull Sand schütt: he kunn to god snacken, de Hein.

Annern Morgen smeet he wedder Tamp vort Atlantikhotel un wull jüst op den Sandhannel dol, as op eenmol de Käppen von den Leddigmoker for em stunn, de boben in Hamborg wat to don hatt harr. »Hein, ik meen, du wullst no See?« »Will ik ok: ik heff mi bloß noch een beten Proverjant kofft.« »Hier an den Senoterkai?« »Jo, weest du, ik heff een Swoger hier in St. Georg wohnen, de gifft mi dat all half umsonst!« »So, so!«

De Käppen pett sik wieder. Hein keek em scheef no un sä toletzt: »Stürmann, de weet swor Bericht! Den dröft wi nich wedder komen: wöllt man bloß so veel Sand verkäupen, dat wi noch Ballast genog hefft!«

He geef de halbe Lodung for twintig Mark weg un hol sik noher wedder no de Elw dol. As se bi den Boomwall lang schippern, sä he to Anna Susanna: »Ob dat Senotorium de Admirolitätsstroot woll all umdöpen loten hett?«

In den Altnoer Freehoben koff he sik for de foftig Mark unvertollten Proverjant un seil den annern Dag vergneugt bi den Leddigmoker lang: Wind in de Seils, Fleesch in den Pott, (wennt ok man Büffelfleesch weur) een Prüntje achter de Kusen un Freid in de Bost.

Un de »Onschuld van Dordrecht« seil as son Wikinger de Elw dol.

»Hein, geiht dat nu no See?«, freug Anna Susanna un greep mit de een Hand achter sik, as wenn se dor de Kortenleggersch bin Plotenband fot kriegen kunn.

»Mol sehn, ob wi all henreckt«, sä Hein un keek no den Kumpaß un no de Seils.

»Hein, wat weur dat eegentlich mit de Alster?«, freug de Seilmoker, de all lang achtert Soltwoter komen weur.

»Seilmoker, dat weur een Sandversandgeschäft m.b.H., mit bannige Hindernisse; dor wöllt wi man nich mehr öber snacken!«

»Hein, dat weur ober wedder Unrecht!«

»Mok ober wedder bannigen Spoß, Seilmoker – un Ballast hefft wi bi de Gelegenheit ok kreegen.«

Dorteitens: Achtert Swiensand

De Jalk keem bi all den goden Wind noch lang nich not Soltwoter hen: Hein harr noch lang keen Proverjant genog un muß noch erst öber frische Büt nogrübeln. Do smeet he erst mol bit Swiensand to Anker un dach dorüber no.

Dat Swiensand is een lütt siet Eiland merden in de Elw, twüschen Blanknees un Olland. De Spring geiht dor licht öber hen un dor wohnt dorum ok noch nüms op. Wille Onten, Krein un Kiwitten fleegt dor rum, Reet un Külen un Beesen waßt dor un in de Mitt stoht een poor hoge Wicheln: dat is dat Swiensand.

Dor achter verholn se de Jalk.

Int Fohrwoter fungen de Sleepers un Lüchters all wedder an to sticheln von wegen Moskitonien, dat Hein sik dor nich mehr so recht op Deck sehn loten much.

De Jalk worr meist jeden Dag umdöpt, heet mol dat »Stekelvarken van Scheveningen«, mol de »Courant van Bergen op Zoom« un mol de »Inzicht van Nieuwediep«, ober bat hölp nich veel: den drütten Dag harr de Kru dat ok wedder rut.

Achtert Swiensand gung dat geruhiger to, dor weur de Jalk bloß dat Gespenst for de Elwfischers, de dor fischen oder vorbiseiln. Bi Dog lachen se öber de Hollanners, ober bi Nacht krop jem dat doch kold öbern Puckel, wenn de Jalk as son swarten Sarg opt Woter dreef un de Seilmoker an Deck op un dol leep oder de Seils neih.

De Stürmann heul Jalk un Boot blank, as wennt Kriegsscheep wörn, un Anna Susanna frei sik öber de feinen Hüs von Blanknees un öber all de Scheep, de de Elw op un dol seiln un dampen un sik mit Mast un Seil in de Decksfinstern spiegeln dän.

Hein keek öber Bord un wull mit de Ogen pottern: he kunn dat ober doch nich klor kriegen. »Hier lopt Ool, Stürmann, ik will mol no de Fischers hen un mol sehn, dat ik Netten kriegen kann.«

»Och, wi könt jo man mol bi de Hütfoten gohn«, lach de Stürmann, dor keem he ober bi Hein an den Verkehrten. »Stürmann, du mit dien unklorn Popiern kannst woll op son Gedanken komen: leeber verhungern, as een Fischermann sien Fisch wegnehmen. Das sei ferne von uns, Barbarossa. Wenn wat Spoß mokt, denn lot dat gern unrecht sien: ober düt mokt keen Spoß! Kiek mol: den Stoot dat beten Sand aftoluchsen, dat mok Spoß un dreep keen Armen un helpt uns no Moskitonien!«

»Sprick di man sülbst heilig«, gnurr de Stürmann, »denn brukt de Popst dat nich mehr to don!«

Hein schipper mit de Boot int Buxthuder Lock rin un heul op de Fischerjollen to, de dor legen. He kunn mit de Lünborgers ober nix warrn: se sän, se bruken jemehr Fischergeschirr sülbst un Hölpslüd bit Fischen kunnen se ok nich bruken: ober Hein kunn jo mol mit Haharm snacken, de fisch jo kum mehr un geef em vullicht Gorn af.

»Haharm?«, freug Hein, »keen is dat?«

Do wiesen de Fischerlüd em een griese Joll, een ganz ole Vaß, de ganz deep int Oolkrut to Anker leg un bi hochheiligen Dag een brennen Latern ant Fockstag bummeln harr, un vertellen em de Geschichte von Haharm. Haharm heet eegentlich Harm, ober sien Tung harr een lütte Slagsiet kreegen: he sä Huhus, Laland, Fifisch: do harrn se em ok Haharm heeten. He harr freuher een von de groten Eusterkutters hatt un weur een fixen, lustigen Junggast west. Un harr een grote, feine, rieke Burdeern as Brut hatt: de harr secht, se wull keen dreugen, hölten Bur hebben, se wull den lustigen, leiflichen Fischermann freen. Se harr de Burjungens stohn loten un wör jümmer bloß mit Harm öbern Sool danzt. Dat harr de Burn bannig verdroten un een Obend, as se sik ornlich begrogt harrn, wörn se öber den lustigen Fischermann herfulln, harrn em bi den Flunk kreegen un em solang mit de Grogglös op den Kopp trummelt, bet he still worden wör. Do wör Harm still bleeben: as se em wedder ut Friederichsbarg rutleeten, do wör he een ganz stillen Dräumelpeter worden, de kum noch Minschen kennt harr. So wör he noch: den ganzen Dag sleep he un harr jümmer de Latern brennen. Nachts fisch he mitunner nochmol un alle veer Weeken mol geef he de annern Fischers sien poor Fisch mit no Altno rop. Sien grote, scheune Kutter seet all lang op de Doggerbank in Grund.

Hein keek stief no de ole Joll.

De een Fischer wies no Olland röber: »Dor liek op de Kark to, dat grote, witte Burhus, dat heurt Haharm sien ol Brut: de hett noher doch noch een Burn nohmen un is nu een grote, rieke Burfroo, mit Sülber un Barnsteen behungen; de fohrt as son Keunigsfroo no Stod un Buxthud un Haharm sloppt den ganzen Dag in sien lütte Joll, woneem he sik knapp in umdreihn kann.«

Hein schipper no dat lütte griese Fohrtüch röber un bekeek sik Haharm sien lütt Rebeet, dat freuher von Hamborg bet Hull reckt harr. In de Mast hungen Oolkörf un achterto dreeben dree grote Hütfoten un een lütten greunen Kohn. Op de Lohnen un op den Bünn legen Gorn un Taugod bunt in Dreih. Hein purr Haharm rut un sett sik bi em opt Deck dol un snack mit em öber dat Fischen: he wull fischen un Haharm sull de Netten dorto geben: op halfpart. Erst sä Haharm effenweg: »Ne, dat geigeiht nich«, ober Hein weur tog as Sohlleder un geef nich no, bet Haharm toletzt jojo sä, bloß, dat he sien Ruruh kreeg un wedder sloslopen kunn.

***

Nu bedreeben Hein un Barbarossa de Fischeree mit Haharm sien Netten op Leben un Dot. Ober se fungen man bannig wenig. De poor Ool, de se kreegen, mussen se een Band um den Hals binnen, dat se jem in de Hütfoten man wedderfinnen kunnen, un dat Mattgod, Sturn un Wittfisch, dat se bito fungen, kunnen se jüst ton Obendbrot opkriegen. Un jemehr anner Proverjant worr jümmer weniger un Moskitonien wull un wull von sülbst nich neuger komen. Ober Hein mok dat as de Vogel Strauß, de sien Kopp in den Sand steckt: he keek in de Oolkörf rin, as wenn he tiedlebens Elwfischer un Buttpedder west wör.

Bloß obends in de Schummeree, wenn se an Deck seeten un de Seilmoker op de Harmoniko speel, denn keemt mitunner noch as son Wedderlüchten.

»Anna Susanna, kiek dat Hus dor boben op den Barg an: son Hus heff ik ok as Admirol hatt, dat lä bloß noch söbenmol so hoch bobent Woter!« ...

»Seilmoker, paß op, wat dat forn Halloh gifft, wenn wi mit uns Jalk in Sanjuan inlopen dot un ik mien ole Admirolsflagg wies! Junge,

Junge: Wenn dor jüst Revulutschon is, denn hefft se bums Freeden: is dor ober jüst Freeden, denn mokt se ßur Feier des Toges bums een Revulutschon!« ...

»Stürmann, wenn wi nu op den Atlantik sünd, kannst du denn de Sünn ok noch bereeken? Ik hefft noch nich vergeeten!« ...

De Stürmann gläuf ober nich mehr, dat Hein dat noch Ernst wör mit den Atlantik: un dat weur em sowiet ok recht, wil he ganz genau wuß, dat de Jalk keen Oschenklipper weur. Anna Susanna harr dor ok nix gegen: de Viez kunn jem hier jo nich finnen, as dat leet, un denn weurt op de Elw jo jümmer noch sekerer as op See. De Kortenleggersch harr ok jo jümmer bloß von Woter snackt – dat kunn ebensogod de Elw sien as de See.

Bloß Hein sien beiden Geweten: dat in sien Bost un de ole, blinne Seilmoker, de dreeben noch no See. De Seilmoker sleug jeden Dag for Hein sien Ogen een Pütz vull Woter op, stipp den Dumen dorin un sä: »Dat Woter is noch seut, Hein!«

Hein ober, de belur de Fisch un keek un freug de annern Elwfischers af, wat he jem afkieken kunn un wat se sik affrogen leeten, ober de Fang wull sik nich betern. Eenmol sett Barbarossa de Oolkörf ganz boben op den Slick: do leepen dor dree afsonnerliche Fisch rin: dree grote, dicke, fette Geus. De heurn eegentlich no Haharm sien Liebe hen un harrn sik de Fisch ut de Körf grapsen wullt: dorbi weurn se mit den Kopp in de Mortje steeken bleeben.

Hein seet jüst op Deck, as Barbarossa mit de Büt anschippern keem. »Dat sünd tohme Geus, Jan Dübel, de lot man glik wedder swemmen!« Hein dreih sik batz no Anna Susanna um un sä: »Du teufst solang, bet du frogt warrst!« He kreeg de beiden Geus bi de Flunken un weug jem in de Hand: »De hefft Punnen in den Ors, Stürmann, de sünd fett!« De een Goos beet no em, do dreih Hein ehr bums den Hals um. De anner gungt nich beter. »Mit son wille Geus is dat nix genaus«, sä he.

»Dat sünd tohme«, smeet Anna Susanna dor noch mol mang, Hein lach ober bloß un sä: »Wat weest du von Geus, Anna Susanna? So!« – he dreih de drütt Goos ok noch de Kehl um – »de plückst du uns fein af un denn gifft een fein week Koppkissen un Goosbroden un Goossmolt un sowatgodes.« »Hein, dat is Deeberee!« »Nanu snack du: wat ik int Woter in mien Nett fang, dat heet ik Fisch un wennt teinmol Feddern un Been hett, Anna Susanna, un wenn morgen dree fette Ossens öber de Elw swemmt un mit de Feut in mien Gorn fastkomt: denn beholl ik jem as Fisch, so gewiß as ik Hein Godenwind heet.«

He frei sik ober doch, dat de Seilmoker noch sleep.

***

Mitunner seet Haharm obends bi jem op de Luken un sä: »Seiseilmoker, een Wawalzer!« Un de Seilmoker muß denn sien Harmoniko her kriegen un Danzleeder speelen. Mitunner keek Haharm denn grot op un fot sik no den Kopp, as wenn he sik doch noch wat to besinnen wuß... Mit sien Snackeree vergiff he ober de ganze Jalk: dat heet toletzt bloß noch Heihein, Jajalk, Seiseilmoker, Aanna, Stüstürmann, bet Hein toletzt losballern da un sä, he wull den Narrenkrom nich mehr heurn.

Eenen Obend, as Haharm wedder bi jem op Deck seet, freug Hein no de Seefischers von Blanknees. »All Kekellners worden«, sä Haharm. »Un de von Olland?« »All Buburn worden«, sä Haharm. »Un de von Finkwarder?« »All Aarbeiters worden«, sä Haharm.

Veerteitens: De beiden Hohns

Poor Obends noher, as Hein seh, dat Haharm de Ogen tofalln wulln, sä he: se wulln mol wedder Teoter speeln: Warmentee-Teoter! Anna Susanna muß warmen Tee moken, dat ok allns sien Ornung kreeg.

Do versteek Hein sik int Deckshus un de Stürmann verkrop sik achter de Mast.

Anna Susanna ober hok Haharm in un sä: he muß ehr Kovolier sien un se wulln man ringohn, dat se ok ornlich wat for jemehr Geld to sehn kreegen. Un se leet sik von Haharm dreemol um de Luken feuhrn. De Seilmoker speel Loschendeener un broch twee Steuhls un dat Opernglas ut de Kojüt. »Wiet uteenanner, Eggert«, sä se grotsnutig: »Wir hoben Schperrsits un können das verlangt sein!« Dormit sett se sik blangen Haharm dol, de gornich wuß, wat eegentlich los weur un Nees, Ogen, Mund un Ohrn liek wiet open mok.

De Seilmoker ober stell sik bi jem hen un leet sik as Prologus anmustern. Mit sien singen Stimm fung he an: »Nu is dat Nacht, Haharm. De Steerns stoht an den Heben, un de Fleddermüs fleegt in de Luft rum. Hest jem fleegen sehn?«

»Huhuhuhuhuhu!«, lach Haharm.

Prologus Seilmoker snack wieder: »De Klock sleit Twee, Haharm. Bum, bum! Paß op, dat se di nich an den Kopp sleit!«

»Hehehehehehe!«, lach Haharm.

Prologus Seilmoker snack wieder: »De Klock sleit wedder: bum: halbig Dree. Nu paß op, Haharm, nu wokt de beiden Hohns op, de een sitt hier achter op den Wiem un de anner vorn int Hohnholt. *You know what that means*: Hohnholt?«

»Hihihihihihi!«, lach Haharm un gung stohn, Anna Susanna kreeg em ober bin Buscheruntje to foten un sä: »Sitten blieben, Haharm, de achter uns sitt, wöllt ok wat sehn!«

Do fung Hein ok all achter int Hus an to krein: »Kükerüküh!«
un gliek achterop fung Barbarossa vor de Mast an to quarken:
»Kökerököh!«

Hein krei noch harter: »Kükerüküh!« un de Stürmann geef ok
noch dree Atmosfärn mehr op un quark nochmol: »Kökerököh!«

»Kükerüküh!«

»Kökerököh!«

Anna Susanna klapp fix in de Hannen un sä: »Fein notürlich kreit,
dor kann ik mi ornlich öber amüseern!«

»Hohohohohoho!«, lach Haharm.

Prologus Seilmoker snack wieder: »Nu fleegt de beiden Hohns von
den Wiem dol un goht op den Hoff spozeern. Markst Müs, Haharm?«

»Hahahahahaha!«, lach Haharm.

Do keem Hein um de Huk pett, so recht mit grote, hoge Hohnenträd,
klau boben opt Hus rop, smeet sik gefährlich in de Bost un krei nochmol: »Kükerüküh!« Un de Stürmann krop achter de Mast rut, keem op
de Luken lang, mok een langen Hals un krei nochmol: »Kökerököh!«

Prologus Seilmoker snack wieder: »Nu seht de beiden Hohns sik:
paß op, Haharm, wo gau de beiden Striet kriegt! Droff ik jem eben
mol vorstelln, jo? De grote heet Hein Grieskopp un de lütte heet Jan
Rotkopp.«

»Hühühühühü!«, lach Haharm.

Do gungt ok all los:

»Kükerümeun, Rotkopp!«

»Kökerömeun, Grieskopp. Na, büs ok nochmol opstohn?«

»Nochmol opstohn? Ik heff doch toerst kreit, du Mettensluker!«

»Du Fleegengrieper du, ik heff all lang vor di kökerököht!«

»Still, du Snobeloprieter! Ik heff all kreit, do seetst du noch int Ei!
Ik bünn de Boos!«

»Ik bün de Meister un lot mi von di Rupenvertilger noch lang nich
den Snobel verbeeden!«

»Höhöhöhöhö!«, lach Haharm.

»Junge, ik sull röber komen könen, ik wull di vergattern!«

»Hähärr, du kannst man nich öbern Tun.«

»Du Bebersteert: nu hest dat grote Word un sünst warrst vorn dode
Mus bang!«

»Un du vorn doden Maiseeber!«

Prologus Seilmoker snack de Komedijanten mol int Geweten: »Ji ward langwielig, Hohns: snackt mol von wat anners, mol von de Wieber!«

»Jo, Wiewieber!«, reep Haharm, ober Anna Susanna geef em een lütten Flicken un sä mit Nodruck: »Froonslüd, jo?«

»Rotkopp, veel Froons heft du denn opstunns?«

»Achtuntwintig, Grieskopp!«

»Dor hest wedder tein bilogen, wat tein? Twintig, du Lögenpott! Wat wullst du woll mit achtuntwintig! Du hest dien Last mit tein, du Meßjochen un hölten Hinnerk! Ik heff tweeuntwintig Wieber: dat geiht jüst so for de Week!«

»Kiek, denn heff ik soß mehr as du! Un von wegen: dat geiht jüst so: swieg man fein still, du: jeden Dag stoht een poor von dien Froons an den Tun un ik sall jem treusten! Mein Gott, ik do jo gern, wat ik kann, ober ik will denn noher nich jümmer bloß Undank to heurn kriegen!«

»Dat lügst du, Rotkopp. Dat hefft mien Froons Gott sei Dank nich neutig. De hefft jemehr gode Oppassung! Gliek kom ik dor röber un geef di welk ut de Armkaß!«

Prologus Seilmoker: »Nich so dütlich warrn, Hohns: wi hefft Fomiljenpublikum vor uns!«

Rrrrrrrr! Rrrrrrrr – keem dat op eenmol von Haharm sien Schperrsits her: he weur inslopen. Anna Susanna kneep em ober so lang in den Arm, bet he wedder munter warrn dä. »Wat söllt de Lüd denken, wenn du sloppst, Haharm?«

»Woveel Kinner hest du eegentlich düt Johr kreegen, Rotkopp?«

»Negenundortig, Grieskopp! Twolf von Anna Susanna Ruchbeen...«

»Ik heff keen ruge Been!«, reep Anna Susanna dortwüschen.

... »foftein von Gesine Swartsteert un twolf von Trino Scheefkamm!«

»Rotkopp, ik heff di all hunnertmol secht: du sallst nich so gräsig legen. Lügst jo as een Minsch!«

»Ik leg de pure Wohrheit! Du notürlich hest woll mol wedder nix optowiesen?«

»Rotkopp, keen Hohn kann vor Moleur. Erst harr ik Greeten Wittfot op foftein Eier sett, ober Greeten worr narrsch, freet jeden Dag een Ei op, un as se all weurn, leep se vont Nest raf un lach mi wat ut. Do hett se ober eenen Pett kreegen, Junge di, de weur nich slecht! Do heff ik Guschi Blauflunk op twolf Eier sett, ober dat Wief weur wedder so neegierig, as se all jümmer west is: stunn all Neeslang op un bekeek de Eier, ob se jem ok woll noch all unner harr: do mussen de Eier jo all ful warrn. Do sett ik noch Dora Snackfatt op veertein Eier un Dora bleef ok mooi sitten, leet de Eier nich kold warrn un freet jem nich op! Ik frei mi all op veertein Küken: ober de Dübel oder de grote Minsch hett sien Hannen dortwüschen hatt: luter *Onten* sündt worden! De swemmt nu in den Groben rum un Dora loppt in Angst un Bebernis an de Kant lang un schellt as een von den Hoppenmarkt, dat ik ehr sowat andon heff. Ik mutt notürlich de Schuld hebben, dat is bi de Froonslüd jo mol nich anners! All de annern Wieber hett se gegen mi opbrocht: ik warr all gornich mehr as Pascha estimeert. Ober de sall sik wunnern: anner Week ward se as een jung Hamborger Küken no de Grinnel verkofft un de toge Mine Pluskopp dorto, de all dree Johr keen Ei mehr togangen brecht hett!«

»Hehehehehehe!«, lach Haharm.

»Grieskopp, sall ik di mol wat seggen? Dat licht doran: du warst to old, du kannst dien Amt nich mehr recht vorstohn! Öbergeef dien Hoff an een jungen Hohn un lot di getrost op Supp koken!«

»Rotkopp, warr nich to driest: ik bün dree Moond oller as du un kunn ganz god dien Vadder sien! Un lot mien Froonslüd in Ruh, stoh nich jümmer mit jem an den Tun to snuteln! Steek di nich in anner Lüd jemehr Fomiljenangelegenheiten!«

»Grieskopp, wenn se ankomt, mutt ik jem treusten, dorfor bün ik Hohn!«

Prologus Seilmoker: »Dat is den groten Hohn toveel: he flücht öber den Tun.«

Un Hein sprung vont Hus raf, sleug mit de Arms, as wenn he fleug, sus de Luken lang, greep den Stürmann an un dä so, as wenn he em fix beet: »Dat is dorfor, dat du secht hest, du wörst ehr opstohn as ik!«

Prologus Seilmoker: »Nu ritt he em de grote, krumme Steertfedder ut!«

»Un dat is dorfor, Rotkopp, dat du secht hest, du harrst mehr Froonslüd as ik!«

Prologus Seilmoker: »Nu bitt he em deftig in den Kamm!«

»Un dat is dorfor, Rottkopp, dat du mehr Kinner hebben wullt as ik!«

Prologus Seilmoker: »Nu treckt he em bi de Been dorch den Sand!«

»Mein Gott, Beckmann«, reep Anna Susanna, »da hat er doch Wehtage von!«

»Wehweh sallt ok don«, lach Haharm ober.

Nu keem de Stürmann ober ok in Fohrt. As son lütten Taifun brüll he op Hein dol un stell sik an, as wenn he em bi lebennigen Lief opfreeten wull.

»Dat is dorfor, dat du secht hest, du kunnst mien Vadder sien, Grieskopp! For son Vadder bedank ik mi, du Op!«

Prologus Seilmoker: »Holt gau den Dokter: he ritt em een Been ut!«

»Anner Bebeen ok!«, lach Haharm.

»Un dat is dorfor, dat du mi Legenputt schulln hest, Grieskopp! Du lüchst!«

»Un du dunnerst!«, reep Anna Susanna.

Prologus Seilmoker: »Holt gau den Pastorn: he bitt em den Kopp af!«

»Nonochmol afbieten!«, lach Haharm.

»Un dat is dorfor, Grieskopp, dat du old un versurt büs un dien Bohntje nich mehr versehn kannst! *Down!*«

Prologus Seilmoker: »Holt gau den Kulgräber: he pett em to Grus un Mus!«

»Igittigittigittigitt!«, reep Anna Susanna un schüddel sik, ober Haharm hög sik un sä: »All Aappelmoos!«

Prologus Seilmoker nehm sien Mütz af un wink mit de Hand, dat se still swiegen sulln. Denn sä he bedächtig un fierlich: »De grote Hohn Grieskopp is dot, de leeft nich mehr un reugt sik ok nich mehr. Nu grooft de lütte Hohn Jan Rotkopp em in!«

Do kreeg de Stürmann den groten Hein her, de still op de Luken leg, wickel em in dat Fockseil in un sä langsom: »Slop mooi, Grieskopp, du deist mi nix mehr! Nu bün ik Sultan worden, heff eenunfoftig Froons un hunnerttein Kinner: dat sall Abdul Homid mi erst mol nomoken! Kökerököh! Kökerököh! Kökerököh!«

»Dormit is de Komedi to Enn«, sä Prologus Seilmoker, »de Muskanten speelt bloß noch eben den Rutsmieter!« Un he nehm sien Harmoniko her un fung an to speelen un to singen:

>*»Der Sultan lebt in Saus und Braus,*
>*er wohnt in einem Hühnerhaus*
>*voll tausend schöner Hennelein:*
>*ich möchte wohl der Sultan sein!«*

Dat sungen se all mit, ok de dode un begroben Hein Godenwind unner sien Seil gröhl dor mit twüschen, un as dat Leed klor weur, do klapp Anna Susanna bannig in de Hannen un reep: »Brafo, brafo! Dat Kapo! dat Kapo!« Un Haharm schür jümmer sien Kneen un lach in eenen weg: »Jujunge, dat weur wat! Jujunge, dat weur wat!«

Hein keem unnert Seil rutkrupen, wisch sik de Smink af (dat heet den Sweet) un sä: »Morgen Obend kumm man wedder, Haharm, denn speelt wi wedder Teoter. Morgen gifft een nee Programm, denn speelt wi Störtebeker oder de Omozonenkeunigin oder de Seeslang in denotureerten Sprit: dat is ok de Meucht wert!«

Haharm ober de schüddel den Kopp un sä: »Nix aanners! *Wedder Hohohns!*«

Fofteitens: Soltwoter umt Schipp!

Noch een ganze Tied muß de Seilmoker Morgen for Morgen de Pütz vull Woter opslogen, den Finger rinstippen un seggen: »Noch jümmer seut, Hein!« – ober toletzt keem doch de grote Dag: de Jalk krüz dwars von Glückstadt de Elw dol, dat Sweert dolfiert un de Seils vull Wind! Un Hein slog een Pütz vull Woter op, stell de vor den Seilmoker un sä: »Preuf!« Un de Seilmoker steek den Dumen rin, leck dor an un sä: »Gott sei Dank: wi hefft Soltwoter fot!«

Twüschen düsse Pütz vull Soltwoter un de beiden Hohns harrn de Veer ober noch allerhand beleeft. Allerhand weurt, wat dortwüschen leg, un nich bloß Dook un Regen, Wind un Sünnschien, Wedderlüchten un Hogelflogen: dor legen ok noch negen annere Noms for de Jalk un negenhunnert Frogen von Schipper un Käppen, Fischer un Stürmann, Hans un Franz no de grote Reis! Wat wussen se to sticheln: »Hein, all wedder trück? … Na, wat is dat mit de Reis no den Moon? … Büs woll bang, Hein, wat? …« so gung dat man jümmer, dat Hein sik toletzt bi Dog kum noch op Deck sehn loten much.

***

Allerhand leg dortwüschen…

Mol harrn se een Priel funnen, de seet totol vull Fisch: do fischen se Bünn un Hütfoten vull un gungen mit de Joll to Markt. As Haharm den annern Morgen utkeek, leepen dor dusen Minschen vor em op de Brügg: do kreeg he son Schreck, dat he bums wedder in sien Koje rinkrop un sik nich wedder sehn leet. Den annern Dag, as Hein em dat Geld optell: achtuntwintig Mark! – frei Haharm sik ober doch un sä: »Heihein, ik heff keen Harmoniko, ober ik will eben mol den Wewecker aflopen loten, dat heurt sik ok nich slecht an.« Den Dag dorno weur he ober doch weg mit sien Joll un keem nich wedder: dat Hein em no de Stadt rop sleept harr, kunn he doch nich verknusen.

***

Allerhand leg dortwüschen...

Mol keem jeden Obend een olen Welfen, groten Bur von Olland, bi jem an Bord, broch Eier un Botter mit un leet sik dorfor von den Seilmoker jümmer wedder dat Welfenleed vorspeeln... wir lustigen Hannoveraner, sind wir alle beisammen? ... He weur een von de Eschenharten, de soveel an dat Flintenscheeten von Langensalza dachen, dat se de Kononen von Sedan gornich dunnern heurt harrn. Mennichen Obend seet he bi jem op de Jalk, bet he eenen Dag bit Infeuhrn een Slag kreeg. Do keeken de Ollanners bannig, as de grote Hein Godenwind mit no den Liek gung un den blinnen Seilmoker an de Hand harr un den eenarmen Stürmann blangen sik.

Un de hollandsche Flagg op de Jalk hett dree Dog halfstock weiht um Haanrich den Leuwen sien letzten, troen Knecht...

***

Allerhand leg dortwüschen...

Mol, as de Proverjant wedder knapp worden weur, setten Hein un de Stürmann sik op een swarten Gedanken, as de Heen op de witten Eier, un seeten em ut: se wulln sik von een Damper jogen loten, dat de Jalk leck sprung un wegsacken dä. Denn sull de Reederee jem dat Schipp dür betohln. »Ik will dat woll moken, Hein, dat keen Seeamt un keen Riekskomissor uns de Schuld geben kann«, sä de Stürmann un se seiln los un krüzen op Leben un Dot twüschen de Dampers int Fohrwoter rum. Ober de Lotsen un Käppens passen god op, se marken bald, wat de Jalk in de Lur harr, un wenn de Sook kniepen worr, denn stoppen se un lachen no Hein röber un sän: »Ne, Hein, wi dot dat nich«! Oder se freugen mol no de Reis öbern Atlantik, dat Hein dat bannig verdreeten dä. He versoch dat Spillwark dree Tieden, ober he keem vor keen Dampersteven: se kennen em all von wieten un heuln all goden Kiekut. Op jeden Bog versoch he sien Unglück, ober dor weur jümmer noch toveel Glück bi. Sogor Anna Susanna sä toletzt: »Dat süht jo meist lebensgefährlich ut, Hein!« »Jä«, antwor Hein, »son Torfschippers stürt de Dampers: erst lopt se een meist um un denn ward se noch groff un schellt eenen wat ut! Der Gerechte muß viel leiden, Anna Susanna, nich, Seilmoker?« »Hein, vullicht stürt de Jalk nich god?«, freug de Seilmoker.

Hein muß den swarten Gedanken toletzt doch öber Bord smieten, un as se wedder von een von Kirsten sien Dampers ohn Hoveree free komen weurn, sä he to den Stürmann: »Eegentlich sünd wi doch wunnerliche Kerls: erst quält wi uns söben Weeken af, dat wi de Jalk blank un fein kriegt un denn seilt wi los un wöllt ehr wegsetten!« »Lot man erst mol mehr Wind komen«, sä de Stürmann, un as dat annern Dag ut Südwesten brieß, kreeg he Hein doch so wiet, dat he nochmol losgung. Un do harrn se Gott sei Dank dat Glück un Unglück, an een swarten ingelschen Boomwulldamper langtoschropen un dat Bogspreet to breken un dat Sweert to verbeugen. Hein as son willen Bullen op den Ingelschmann rop, ranz den Lots geheurig an, dat he so dummerhaftig Ror geben kunn, un gung do mit ingelsch-spoonsch-plattdütsche Wörd op den ingelschen Koptein dol, dat de gorkeen Been an Grund kreeg. De wull erst noch grotsnutig warrn un sik musig moken, ober Hein krempel de Arms op un reep: »Kumm an!« Dat leet de Kardiffer sik nich tweemol seggen, un de beiden moken boben op de Brügg eben son lütten Boxmatsch klor. As Hein den Käppen ornlich een op de Nees geben harr, weur de Ingelschmann tofreeden un sä: »Well«, he wull de Sook in Goden afmoken. Nu beschreef Hein de grote Hovree, dat dat Schipp leck wör un dat he docken muß un so wieder: fiefhunnert Mark muß he hebben. Dat weur den Ingelschmann toveel, ober ehr Hein sik ton tweeten Mol de Arms opkrempel, eenigen se sik op foftein Pund. Hein nehm sien dreehunnert Mark un klau vergneugt op sien Jalk...

***

Allerhand leg dortwüschen...

De Hoveree harrn se bald wedder klor: Hein koff for de dreehunnert Mark Proverjant un Anna Susanna kreeg een nee swart Kleed for den Intog in Sanjuan, un nu sull de Reis denn jo würklich un dreehaftig los gohn. Ober do keem de Griesbort von Nordwest dortwüschen un jog jem de Elw rop, reet jem de Fock twei, knapp jem de Ked af un smeet de Jalk boben opt Swiensand rop, so hoch, dat se noher nich wedder flott warrn kunnen un dor twüschen de Wicheln sitten blieben mußen. Hein fung an, een deepen Priel vont Schipp no de Elw to groben un de Seilmoker snack den ganzen Dag von de See: ober de Stürmann un Anna Susanna harrn nix dorgegen, dat se op Land seeten. Barbarossa bo een Trepp twüschen Schipp un Land, un Anna Susanna fung an, dat Swiensand urbor to moken, plant dor greunen Kohl un Suppenkrut un schaff sik allerhand Veehwark an: Heuner un Onten un sogor een lütt Farken. Hein groof un groof, dat em de Sweet den Puckel dol leep, fisch mitunner mol, ober he keek jümmer bannig no Westen un lur op den neen Moon un de springen Tied…

***

Allerhand leg dortwüschen…

De Storm keem ok, ober ganz to ungelegen Tied – Hein weur jüst mol no de Lüh dol un hol een Boot vull Kasbeern! – un gliek so glupsch, dat de Dree, de an Bord bleeben weurn, keen Farken un keen Heen bargen kunnen: de ganze Ökonomie gung in de Beesen!

Ober de Jalk, de Jalk, Hein sien Jalk, de keem wedder vont Swiensand raf!

Hein fleug mit de Boot man so öbert Woter, dat he ehr fotkreeg, anners harr se woll gliek wedder to Finkwarder op den Dreugen komen.

Anna Susanna jaul um Swien un Heen, ober Hein frei sik doch as son Fisch, de wedder int Woter sett is.

***

Nu krüz de Jalk ober nedden Glückstadt gegen de stiebe Bries an! Un Hein weur so mooi to Weg, dat he wedder sien Seeräuberleeder anstimmen kunn.

Mit de Elw weur he erstmol klor: de Frogeree un Stichelee sull een Enn hebben: he wull no See!

Achter Krutsand keem de Flot jem in de Meut un se mussen draggen. In den Windschatten von een groten Snelldamper, de hier op lebennige un dode Lodung lur, smeeten se dol. »Dor Koptein op sien, dat is wat!«, sä Anna Susanna un keek no dat hoge Brüggendeck rop.

»Och du leebe Tied!«, lach Hein, »de Mann is to bedurn, de hett dat een beten slechter as ik! De tusch gern mit mi, ober ik nich mit em!

Dat gläufst du nich, Anna Susanna? Stopp, ik will denn Käppen mol eben röber holn: Peter Olsen kenn ik ganz god!«

Un Hein klau in de Boot un wrigg no den groten Dalailama von Snelldamper röber, de as dat grötste dütsche Schipp den Nom von den grötsten Dütschen harr un »*Goethe*« heeten dä. No een halbe Stunn keem he wedder bi de Jalk langsiet un harr den Kommodor bi sik. Anna Susanna bekeek de Tressen un Litzen mit Andacht, as wennt de Kaiser weur.

»Jä, Peter, dat is mien Admirolschipp, bekiek di man ornlich! Anna Susanna, geet uns een Taß Kaffe op! Dat Fohrtüch blenkert, wat, Peter? So blank kannst du dien grote Perdkraftfobrik mit all dien Gesellens nich holln!« »Jä, jä!« »Dor is uns Barbarossa, ji kennt jo woll noch von Hongkong her?« »Gewiß: Dag ok, Stürmann!« »Dag, Käppen!« »Wo is de Seilmoker denn?« »De hett sik in de Koje verkropen: du weest jo: Dampers un Damperlüd sünd Rottengift for em!«

»Hein«, sä Kommodor Olsen, »wullt nu würklich mit düsse lütte Jalk övern Atlantik?« »Ganz gewiß! Hein Godenwind kriegt dat klor, du! Lehr mi den Atlantik nich kennen, Peter! Wat Klumbumbus klor kreegen hett, kann ik ok! Wo lang hett he eegentlich brukt?« »Dreeunsoßtig Dog, Hein!« »Veel to lang, ik wichs in dortig röber. Peter, du mokst een Gesicht as een Hamborger, de de Elw noch nich sehn hett«

»Hein – *hands off*! Dat geiht verlehrt«, wohrschoo de Kommodor.

»Bangbüx«, lach Hein, »nu du dat Söbenmilenschipp unner de Feut hest, snackst du as een old Wief. Freuher weurst dun annern Kerl: weest noch: söbentig bi Formosa?«

Anna Susanna broch den Kaffe un nick den Koptein fründlich to. Un se dach: ik heff een Admirol un een Koptein to Disch, wenn dat mien erst Mann, de Timmermann, wuß!«

»Is dat de Köksch?«, freug Olsen.

»Jo, dat is uns Anna Susanna«, sä Hein, »uns Oberstewardeß, de kokt beter as dien dreehunnert Kocksmooten!«

Anna Susanna knicks un frei sik över dat Lof, ober se dach doch: Morgen gifft dat ganz dünnen Kaffe, Hein Godenwind: sünst säst du jümmer *mien* Anna Susanna un nu mit eenmol heet ik: *uns* Anna Susanna? Dat striek ik di an!«

»Junge, Junge«, reep Peter Olsen, »wenn ik dat morgen de Amerikoners vertell, dat du Kolumbus sien Fohrt nochmol mokst, denn sallst sehn, wat de dat Strieden un Wetten kriegt. Dat ganze Promenodendeck brummt un summt denn von Hein Godenwind! Wann fohrst du?« »Weet ik noch nich, Peter. Ik bün jo mien eegen Herr un heff keen söbentein Inspekters achter mi ran snüffeln as du!« »Dat magst woll seggen, Hein, du hest dat een beten beter as wi un kannst woll lachen. Ik mutt ok würklich all wedder an Bord! Bringst mi eben wedder röber? De Kaffe hett fein smeckt, Anna Susanna! Stürmann, wi seht uns woll noch mol wedder?«

As Hein noher wedder von den »Goethe« trück keem, mit tein Buddel Wien, sä he to Anna Susanna bloß: »Na, wat heff ik secht, mien Deern?«

Soßteitens: No See hen!

De ganze breete Elw weur vull von seilen un dampen Scheep, as de Jalk noher bei Hochwoter wieder klüsen dä. Brune, witte, griese un rote Seils jeugen dor dorcheenanner un de Rook von de Dampers weih öber all de Seils un Rohn hen. Nix leet sik hier op de solten Nedderelw so god bedenken as de Wörd von Goethe:

> *Cedernhäuser trägt der Atlas auf den Riesenschultern!*
> *Sausend wehen über seinem Haupte*
> *tausend Flaggen durch die Lüfte,*
> *Zeugen seiner Herrlichkeit!*

As Hein Godenwind Kuxhoben fot harr, bunn he de Jalk achter de »Oliv« an un sä: de nu von Bord gohn wull, de sullt don: dat gung nu no See!

Se bleeben ober all' an Bord: de Seilmoker frei sik, dat Hein allns wedder godmoken wull, Anna Susanna dach an de Kortenleggersch ehr Wörd un stell sik de Reis ok gornich so gefährlich vor, un de Stürmann sweeg ok: he dach: man erst mol rut: in de Nordsee will de Jalk sik woll holln un dat wi nich in den Atlantik rin komt, dorfor sorg ik!

De Stürmann kreeg Grabben un greep Krabben: do gung Hein gau mol not Amt un telefoneer mit Viet Breckwoldt: ober dor weur noch keen Geld ankomen! Do muß Hein denn doch wull no See hen.

As he wedder an Bord weur, mok he de Jalk seeklor un seil ut den Hoben rut no See hen. Dat Woter worr jümmer greuner un de See jümmer düniger: as se dwars von Schorheurn weurn, kreeg Anna Susanna dat mit de Seekrankheit to don un leep gau unner Deck, dat se ehr nix utlachen sulln.

As se twüschent erst un tweet Fürschipp weurn, seh Hein den groten Snelldamper »Goethe« achter ankomen un sett gau bi sien hollandsche Flagg noch sien geelgreunswarte moskitonsche Admirolsflagg in den Topp.

De Damper brumm gau op. Kommodor Olsen harr all jümmer mit den Kieker no de Jalk keeken. As he ehr nu in Sicht kreeg, mok he de ganze erste Kojüt mobil. Un de Yankees keeken un leepen un snacken. Fofteindusen Dollor weurn all in Wetten anlecht! De *second Columbus* harr sik all bannig bi jem fastsett un Peter Olsen schür dat Für no, se dull as he kunn.

Nu leep de grote hoge Damper, dat swemmen Eiland, mit halbe Kraft an de lütte, witte Jalk lang, de ehr Mast mit den Flögel jüst an sien twet Deck reck.

Hein stunn troß un grot ant Ror un wink mit de Mütz no boben.

»Wat mutt de Peter sik wedder aflopen«, sä he to Barbarossa, »is all nich mehr scheun! Wi hefft Tied!«

Peter Olsen wink ok mit de Mütz, un de Misters un Masters un Misses swenken Mützen und Deuker un reepen dreemol Huroh! Huroh! Huroh!

Den annern Ogenblick kreeg de Jalk dat Duken un Dümpeln in de hoge opsmeeten Dünung un de Damper leep vorbi. Hein lach as een Keunig: dat harr em bannig högt.

Gliek noher seh he een Budel opt Woter drieben un ketscher em op: do steek dor wohraftigen Gotts een Teindollerschien in. Hein bekeek em vorn un achtern un sä: »De is echt, Jungens! Veertig Mark borgen: god mittonehmen!« »Steiht dor nix bi?«, freug de Stürmann. Hein bekeek den Schien nochmol nipp: »Jo, hier! Ingelsch, uns tweete Modersprook: ik sall von Moskitonien no Savannah ropseiln un dor bi Willem Douglas vorspreeken. Allright, wöllt wi don!«

Un do keek he wedder no sien Kompaß un stür wieder.

He keem dütmol ober noch nich no Moskitonien hen: eben, dat se Helchland in Sicht kreegen, do frisch de Wind so dull op un leep no Norden rum, dat se Helchland nich fot kriegen kunnen un trück mußen. In de Elw wull Hein ober nich rin, von wegen de Stichelee: do krop he in de Wesser rin un smeet sik twüschen Blexen un Nordenham to Draggen un lur dor beter Wedder af. Noher seil he no Bremerhoben röber un wessel den Teindollerschien um – un obends gungen Hein, Anna Susanna un de Stürmann in de Tingeltangels rin un leeten sik von de Tirolers ut de Bremer Sweiz wat vordudeln un vorkrein. Anna Susanna funn allns nüdlich, ober Hein weur mit den Komiker gornich tofreeden. »Dat is bloß nich standesgemäß for den Admirol von Moskitonien«, sä he, »anners gung ik mol op de Bühn rop! Soveel as de Muschi Blicks weet, seuk ik dreemol ut de Muskist!«

Se bleeben noch een ganze Tied op de Wesser. Dor weurn se seker: dor kenn jem so licht keeneen. De Jalk harr ok wedder een annern Nom kreegen un heet nu dat »Negenoog van Harlingen«.

Söfteitens: Mit Kors op Moskitonien!

Hein grübel sik op de Wesser noch son lütt Geschäft ut, as de Woterklarks von Bremerhoben jeden Dag bi em an Bord keemen un em freugen, ob he keen Proverjant bruken kunn: he koff sik for all dat Geld, wat he noch harr, unvertollte Wor, Kaffe, Tee, Solt, Zucker un Tobak, neih dat in de Meubel un Betten in un lur ganz slecht Wedder af. Ast an to weihn fung, klüs he nachts no de Elw röber, dat worr een Fohrt op Leben un Dot öber de Watten, ober Hein kreegt klor, mit de halbe Fock un twee Reben int Grotseil. De Kunterleurs to Brunsbüttel glauben em, dat he for Wind binnen lopen weur, un versegeln sien würklichen Proverjant: dat Smuggelgod funnen se ober nich, dat funnen twee Dog noher ok de kloken Beamten an den Kehrwedder nich mol. Hein hok sik obends ganz achter in een Fleet rin un soch sien Abnehmers op, de he von freuher her god kenn. Nachts neihn se den Krom ut un brochen em to Loger. Hein kreeg *Cash down* un harr gode soßtig Mark bi dat Geschäft öber.

Mit een Gesicht as de olle ehrliche Seemann ut de Meggendorper keem he den annern Morgen wedder bi de Tollkerls ranschippert un sä: »De Viez hett den Krom all an den Gerichtsvollzieher geben: wi wöllt man moken, dat wi mit uns Meubel wedder no See hen komt!«

Un de Beamten lachen un sän: se wulln em nich verroden!

Hein wull dat erst mol as Harun al Raschid moken un de Admirolitässtroot öberholn, ober he mok doch, dat he de Elw wedder dol keem: de Sleeperkäppens harrn em all wedder op den Kieker kreegen un reepen all wedder: »Hein, de Viez kummt!« – – oder: »Wat, Hein, büs all wedder hier von Moskitonien?« ...

De Stürmann wull glik noch een son Lodung von Bremerhoben holn, ober Hein wull dor nix von weeten: he koff for dat Geld op Kuxhoben wedder Proverjant to un sä: dat sull nu würklich no Moskitonien gohn.

***

Wangeroo, de hoge Torn,
Spiekeroo hett den Nom verlorn,
Langenoo, dat lange Land,
Westeree, dat Jammerstrand,
Nordernee, de scheune Stadt:
Jüst, de secht: ik schiet di wat!

Hein keem noch lang nich no Moskitonien röber: twüschen Wangeroo un Jüst gefull em dat to god: dor weur he jümmer merden twüschen sien Frünnen togangen, de Fischerlüd von Finkwarder un Blanknees, de dor Schulln un Tungen fischen. Allerwärts pleugen se dor rum, de Schullengriepers, un wenn se jemehr Kurrn introcken, denn fleugen jem hunnert Meuwen um de Masten un mit de Meuwen keem denn ok ganz seker de hollandsche Jalk »Negenoog« anseilt un Hein freug no den Fang un hol sik een poor frische Fisch to Middag. Den fleegen Hollanner heeten de Fischers em toletzt bloß noch: as se ober bi lütten no Moskitonien freugen, do worr Hein argerlich un seil no Norden rop.

Dor dreef he sik twüschen de ingelschen Flieten rum. Een Dag, as de Bostoner Fliet vor em opduk, dreeuntwintig Trawlers un söbentein Smacks stark, un de See reingroos as son Grasseeberschöf dat Feld, do leep Hein de Gall ober un he sä, he wull de verdammten Jeßseggers mol ornlich een bipulen. He wies jem den Wien un mok jem jinhungerig. Denn seil he gau no Nordernee dol, hol sik dor fiefhunnert leddige Wienbuddels, mok jem rein un füll jem vull *klor Woter*, mok nee Proppen op, back feine Zettels an: ECHTER NORDHAEUSER un steek jem in Stroh. Denn he los, wedder no de Doggerbank rop, un as he de Fliet wedderfunnen harr, seil he unner Middag, as de ingelsche Admirol sleep, von een Schipp no dat anner, wies sien Jin un schenk ut de Proofbuddels in un sett sien Woternordhüser af: jeden Buddel for fief dicke Tungen oder twee grote Steenbutt. Bloß eendeel mussen de Ingelschmen em swörn bi *Lord and all angels*: dat se jo de Buddels nich eher opmoken un nich ehrer drinken wulln as gegen Obend, wenn he mit de Jalk in Sekerheit wör. Dat de ingelsche Admirol em nich op den Kittel keem! As Hein sien fiefhunnert Buddels los weur, harr he een poor Hummerkastens vull Steenbutt un Tungen unner de Luken. He leet sik noch een poor Stücker Is geben un denn kneep he ut, wat de Jalk man lopen wull, ehr de Fischers den Swinnel marken dän! As de Fliet ut Sicht weur, do lach he so lut, dat de Seilmoker ut de Koje keem un freug, wat dor los weur. Hein weur vergneugt: erstmol harr he de Ingelschen mol ornlich anfeuhrt, tweetens geweuhn he jem bi de Gelegenheit vullicht dat verfluchte Jinsupen af un drüttens mok he sien god Geschäft dorbi. Mit de Elw harr he nix mehr in den Sinn, he seil wedder in de Wesser rin un gung mit de Fisch in Geestmünn to Markt: öber 300 Mark kreeg he for sien utsochten Edelfisch! Junge, Junge, dat smeck! De Stürmann wull glik wedder los, ober Hein sä: »Ik will den Dübel don: de Ingelschen hangt uns op!«

He sett de Jalk op de Oldenborger Siet von de Wesser op den Sand un mol ehr ganz anners an, dat jem nüms wedderkennen sull: wat witt west weur, worr brun, de Bog kreeg Zinnober, dat Hus worr greun molt un de witten Seils worrn brun loht. Un for de hollandsche Flagg sett he de dree Hamborger Torns opt Ror un ut dat »Negenoog« worr een dütschen Nom: »De Admirol von Hamborg.«

Dat ganze Fohrtüch worr kalfot, all de Seils un Taun worrn öberholt un dat ganze Rum worr vull Proverjant staut, as wenn dor een Reis dreemol um de Welt von warrn sull.

Nu sullt würklich losgohn.

Tied worrt jo ok: de Seilmoker trock een Gesicht as dat leibhaftige Geweten, dat Hein to den Stürmann sä: »Ik mag mi kum noch von em rosiern loten! Wat meenst, wenn he mi de Kehl afsnitt!«

Bi den Hogen Weg mussen se to Anker gohn: as se wedder seiln wulln, seet de Anker fast, un he leet un leet sik nich hieven. De Stürmann wull de Ked afhaun, ober Hein sä: »Dat wör scheun!« Un he speel Düker Flint, klau öber Bord un hol sik an de Ankerked no Grund dol. As he no een Tiedlang wedder ut dat Woter keek, sä he: »De sitt an een ol Stack fast, ik heff em ober noch nich loskriegen kunnt!« Un he gung wedder unner Woter un bleef lang unnen: wat steegen de Blosen op! – ober as he wedder utkeek, sä he: »Hiev op, de Draggen is free!«

Se possiern den Rotensandfürtorn, de buten vor de Wesser merden in de See steiht, un dat Wesserfürschipp noch bi Dog. Nachts kreegen se goden Südostenwind in de Seils un weurn den annern Morgen all achter Borkum.

Do geef Hein de Wacht an den Stürmann öber un gung in de Koje. Barbarossa stür erst noch een poor Stunnen den Kors, den Hein em geben harr, ober bi sien Stürn un bi dat harte Seiln von de Jalk kreeg he doch sien Grabben un dach: Ne, so geiht dat nich! Un he sä to Anna Susanna: »Deern, de isern Hein hett sik dat eenmol in den Kopp sett, no Ameriko röber to seiln: ober ik segg di: von de Nordsee dröft wi nich raf, op den Atlantik mit sien hushogen Seen könt wi mit de lütte Jalk nich verkehrn, dat is een Ding von Unmeuglichkeit. Ik kenn den Atlantik to god. Un segg sülbst, Anna Susanna: brukt he los? Sien Geld will woll komen un wennt nich von sülbst kummt, denn kriegt he dat in Moskitonien noch lang nich: se sett em dor heuchstens fast un haut em den Kopp af! Ik kenn de Breuders dor! Stoht wi so wat ut? Leeft wi nich mooi? Hefft wi nich jümmer noch wat to eten hatt? Nich jümmer Geschäften mokt?«

»Ober op unrechte Ort un Wies«, sä Anna Susanna, »ji hefft smuggelt un störtebekert: dat is Hein in de Seel towedder!«

»Oha, so blau un denn ut Hamborg!«, reep Barbarossa, »gewiß, de ol ehrliche Seilmoker mag sik dor een Geweten ut moken, ober Hein Godenwind, dat gläuf man, den mokt sowat veeltoveel Spoß. Ne, he geiht nich um dat Geweten los, Deern, un ok nich um dat Geld: bloß um de Ehr is em dat to don: he mag sik nix mehr von de Schippers utlachen loten! Un dat is doch Narrnkrom, nich? Ik warr mi um de jemehr los Mul doch nich afsupen? Gott sall mi bewohrn: ik sorg dorfor, dat wi öber Dover nich rutkomt. Erstmol dreih ik em nu bi un seil wedder trück, dat wi nich to wiet no Westen komen dot!«

No düsse lange Red kreeg Barbarossa de Jalk würklich op den annern Bog un seil mit vulle Fohrt no Nordosten rop. Ehr Hein wedder an Deck keem, weur dat Schipp ober all wedder mit den Steven no Westen halst. Hein keek no Kumpaß un Seils un no de Luft, as he dat Ror anfoten dä, ober he mark nix.

Bloß to den Seilmoker sä he noher mol: »Hier mussen veel mehr hollandsche Fischers togangen sien: ik seh ober bloß ingelsche un dütsche um uns rum.«

He stür wedder een temlich Stück no Westen un as obends de Stürmann wedder dat Helmholt kreeg, sä he to em: »Wi möt no mien Reeken dwars von Vlissingen sien, Stürmann: wenn de Wind so blifft, könt wi morgen freuh all meist no Dover henkomen!« De Stürmann sä: »Jo«, as Hein ober vont Deck weur, seil he getrost wedder trück no de Doggerbank. De Wind weur südlicher lopen un he keem god ut de Städ. As Hein morgens wedder utkeek, freug he: »Na, Stürmann, sünd de Niedels all in Sicht?«

»Ik heff noch nix sehn, Hein«, antwor Barbarossa un kreeg den Kieker her, ober he kunn ok dorch den Kieker keen Land gewohr warrn.

»Ik mutt mi bloß öber de veelen Finkwarders wunnern«, sä Hein, »wat dot de hier nu so dicht vor London?« »Jä, dat will woll an den Fang liggen«, meen de Stürmann un mok een dummerhaftig Gesicht.

Hein stür wedder iwerig no Westen, de Stürmann seil noher wedder geruhig no Nordosten. Mol weurt still, dat Hein nix ut de Stell keem, do leet de Stürmann de Jalk op sien Wacht ok drieben.

Den foften Dag sä Hein: »Ik will Tetje Mullfot heeten, wenn wi nich all lang ut den ingelschen Knol rut sünd! Wi möt Dover un Lizard all lang possiert hebben. Hest de witten Felsens von de ingelsche Küst in de Nacht nich sehn, Stürmann?«

»Kann ik nich genau seggen«, antwor Barbarossa, »de Luft weur diesig!«

»Weurn dor denn een barg Scheep unnerwegens op dien Wacht?«
»Och jo, dat gung, Hein!«

Do reep Hein öber Deck: »Denn wöllt wi man mol Huroh ropen, denn is dat ok gewiß, dat wi den Atlantik fot hefft! Seilmoker, nu frei di, nu hest du mi so wiet, as du mi hebben wullst: wi sünd op den *Atlantik,* un wenn wi Glück hefft, denn dropt wi vullicht sogor de norrsche Bark Svend Foyn mit dien Ellen an Bord! Anna Susanna, dien Siedenkleed for den Intog in Sanjuan is doch torecht, nich? Jo – na, denn hol man een Buddel Wien rut, Süllbarger Stürbordsiet! Dor wöllt wi een op nehmen!«

Anna Susanna keek den Stürmann an un steek een versteken Grientje op, ober se leep doch gau no Wien un Glös un schenk in!

»Prost!« »Prost!« »Prost!« Prost!«

»Prost, dat wi bald no Moskitonien komt!« »Prost, Jungkerls, verheirot jo nich mit jon Swiegermudder!«

Hein hög sik bannig, dat he op den Atlantik klüsen dä, un he vertell Anna Susanna jümmerto Geschichten von sien grote Fohrt.

»Dat sünd di doch gliek ganz anner Seen as bi Helchland!«, sä he un wies no de ganz geweuhnlichen Nordseewachen hen. »De Meuwen sünd ok all gliek veel greuter«, reep he noher, »dat sünd all mehr son Albatrossen! Kiek bloß mol an!« Dorbi fleugen dor ganz geweuhnliche Seemeuwen rum, de nix greuter as anner weurn. »Wat dat gliek for Fischerfohrtüchen sünd!«, reep he,– dorbi weurnt de ganz geweuhnlichen ingelschen Smacks, de se jümmer in de Nordsee to Hölp hatt harrn.

Dat Woter weur dat reguläre Soltwoter von de Nordsee, ober Hein meen: »Dat Woter is ok gliek veel blauer as bit Wesserfürschipp!«

Anna Susanna, de jo swor Bescheed wuß von wegen dat se noch jümmer dicht bi Borkum weurn, sä jümmer flietig jo – jo un lach in sik rin.

As Hein noher de Wacht afgeben wull, steeg in den Westen een griese Wulk op, de Hein gornich topaß keem, un de Wind leep mit eenmol no Nordwesten rum un frisch op een Stot bannig op. Do much Hein doch nich dol gohn un den eenarmen Stürmann dat Ror loten: he bleef boben.

Ut den Wind worr een stiebe Bries un ut de stiebe Bries worr Storm! Hein muß een Reff int Grotseil steeken un de Jalk drieben loten. Un de breete Jalk dreef un dreef vor Gewalt no Südosten. »Nu kriegt wi gliek de Bretangsch fot«, sä Hein, »dor hefft de Froonslüd noch Büxen an as de Mannslüd!«

As no een poor Stunnen ober Land in Sicht keem, do weur dat *Nordernee!* Hein wullt nich gläuben un kunnt nich gläuben un keek woll söbenmol dorch den Kieker: ober dat weur mol Nordernee un dat bleef Nordernee! Un de Wind kreeg jümmer mehr Macht, de Seen gungen man jümmer ober de Jalk weg! Hein muß moken, dat he man de Sluchter fot kreeg un sik achtert Eiland schulen kunn.

Dor achter Nordernee weur dat Woter temlich slicht un de Jalk leg dor god un seker twüschen een ganzen Hümpel von Jalken, Kutters, Ewers un Slupen, de dor tohopweiht weurn.

Hein kunn noch gornich öber sien Fohrt wegkomen. »Sowat heff ik noch nich beleeft, so old as ik worden bün«, sä he, »wi sünd jowoll behext, dat wi jümmer in een Kreis rumseilt sünd. Oder uns Kumpaß is leelohm worden!«

»Dat mag de Dübel weeten, wo dat togeiht«, sä Barbarossa un Anna Susanna keek em plietsch an un sä: »Jo, de Dübel will dat woll weten!« Se meen ober den Stürmann Jan Dübel.

De Seilmoker sä nix: he dach ober nich anners as dat Hein em mit den Atlantik forn Burn hat harr un spreuk den ganzen Dag keen Word mit em.

***

Den annern Morgen nehm Hein den verrückten Kompaß unnern Arm un schipper sik an Land. He gung no den Norderneer Barometerdokter hen un leet sien Stück Meubel genau unnerseuken. De Optiker kunn ober keen Krankheit finnen un sä: de Kompaß wör gesund as een Fisch int Woter. »Denn gläuf ik ober bald an Hexen«, sä Hein, nehm sien Kompaß unnern Arm un scheuf wedder los. Op de Stroot bemött sien ol Fründ Ludwig Kluin em, de em de fiefhunnert leddigen Weinbuddeis verkofft harr. De wull Hein wedder son Gericht ansnacken, ober Hein heur gornich op. As de Norderneer ober jümmer wieder snack un toletzt sä: »Denn geef mi doch wenigstens een Antword«, do keek Hein em dwars an un sä: »Du sullst doch man leeber mit dien Slup Schellfisch angeln, Klün, versteihst mi: statts mit Glas un Krom rumtohanneln as son Plünnenkerl!«

Dorbi klau he in sien Boot un wrigg no sien Jalk rut.

Kluin ober spee in dat lange Dünengras rin un reep em no: »Hamborger Buttje!«

Achteitens: Storm op See!

Dree Dog leg de »Admirol von Hamborg« noch merden twüschen de annern windverweihten Scheep achter Nordernee.

Hein Godenwind weur de meist Tied an Deck un keek veel no den Heben rop un ebensoveel steek he de Nees int Rorhus un snack mit sien Wedderglas. He harr keen Ruh mehr: he muß un muß nu no Moskitonien hen! De Harwst keem von Dag to Dag neuger, de Nachten worrn kolder un länger. Vor de beusen *Äquinoktien* muß he de Reis övern Atlantik don hebben oder dat seh gefährlich mit em ut. In den Winterhoben gohn, opleggen un dat Freuhjohr afteuben, dat wull em nich in den Kopp rin, dat kunn he nich un dä he nich! Wat sulln de Fohrnslüd lachen un sticheln, wenn se dat beleben dän! Sogor de Schippers, de hier bi em vor Wind legen, freugen jo all wedder, ob he all no Moskitonien hen west weur oder ob he noch hen wull. He droff sik op Eems, Eider un Wesser nich mehr sehn loten un erst recht nich op de Elw, wenn he sik nich fix wat utlachen loten wull.

So gewiß as he Admirol von Moskitonien west weur: se sulln nich över em lachen, ton wenigsten nich op düsse osige Ort un Wies.

As dat den veerten Dag beten stiller worr, gung Hein rut: he kunnt dor achterto nich mehr uthollen! De annern Scheep bleeben noch liggen: de Luft seh noch temlich musselig ut un »Neemayer wies noch sien Fust«, dat heet: de Stormball weur noch nich introcken: ober Hein kehr sik dor nich an, he kehr sik ok nich an den Stürmann sien Wohrschoon un nich an dat siete Wedderglas: he gung los!

»Wi möt doch mol sehn, ob de Jalk würklich son god Seeschipp is, as Pieter Dekker mi dat in den Kontrakt schreeben hett«, sä he, trock sien Öltüch an, bunn den Südwester fast un gung mit een Reff int Grotseil um de Huk.

***

Buten stunn noch een groffe See un de Dünung meen dat so god, dat de lütte Jalk rollen un dümpeln dä, as een dunen Janmoot in de Dovidstroot op St. Pauli, un een barg Woter öberkreeg. Anna Susanna un de Seilmoker mussen int Hus rin, dat se nich öber Bord keemen, so stur weurt noch, ober Hein keek den Heben an un sä: »Morgen schient de Sünn, Stürmann!«

»Jo, in Südofriko vullicht«, sä de Stürmann, »hier bi uns ober nich! Dat best is, wi kehrt wedder um: dat is noch keen Gelegenheit for Jalken butenl«

»Umkehrn?«, freug Hein un steek een frischen Petum achter de Kusen, »ne, dor ward nix von! Son Wedder un son See sünd mi jüst no de Klitsch! Wenn de Jalk dat hier nich uthollt, denn is se forn Atlantik öberhaupt nich to bruken!«

Un Hein stür vergneugt wieder, natt as son Seehund!

***

Merden in de Nacht stunn de Storm wedder op: he harr sik bloß een beten verpusten wullt. »Nu will ik di mol wiesen, wat ik kann«, sä he to de See, de lach em ober wat ut un sä: »Och du lütte Sommervogel, wat hest du for Kraft?«

Do sprung de Storm dreemol um, krempel de Arms op un hau dortwüschen.

Storm op See! Storm op See! Storm op See! Wohrt jo weg, ji lütten Scheep, wohrt jo weg! Wat dot ji öberhaupt noch buten? Hefft ji nich no de diesige Luft keeken? Keeken ji nich not Wedderglas? Hefft ji nich all de Meuwen wegfleegen sehn? Sünd ji nich gewohr worden, dat de Sünn een Hoff harr?

Wohrt jo weg, ji lütten Scheep, wohrt jo weg! De Storm is blind, he loppt jo um, de Storm is gau, he kriegt jo wedder, de Storm is stark, he mokt jo dot...

Storm op See!

Op de dänsche Jacht treckt de Bestmann sien sworen Seesteebeln von de Feut. »Wat sall dat denn?«, frogt de Schipper. »Dat ik noher beter swemmen kann«, secht de Bestmann un loppt barst op Deck rum.

Hefft ji Hein Godenwind nich sehn, Lüd?

Storm op See!

Harm Loop? Du büs ok noch buten? Harm Loop mit sien groten Austernkutter lacht noch un secht to sien beiden Lüd: »Wenn wi hier bleeben, dat weur woll meist ton Lachen!« He hett all twintig Johr de ganzen Winters unner de ingelsche Küst Eusters fischt un all ganz anner Storms beleeft. Mol keem in Kuxhoben een Junggast bi em an un wull mit em rut. Harm frog em, wat he denn ok wuß, wat dat mit de Eusters op sik harr. »Jo«, sä de Gast, »mi ist eendont, ob ik starf oder leef!« Do dreih Harm em ober den Puckel un sä: »Ik kann bloß Lüd bruken, de dat nich eendont is, de *leben* wöllt!« Wehr di, Harm!

Hest Hein Godenwind nich sehn?

Storm op See!

De Horborger Schuner drifft vor Stormseils dwars von Terschelln. De Käppen secht keen Word, he kiekt bloß jümmer no de Seils. De See ward ober jümmer heuger un de Wind jümmer mehr. Do roppt de Schipper: »De See kummt mi vor as een groten Wustketel un wi sünd de Wüst, de gor mokt warrn söllt!« Noher secht de Knecht to den Jung: »Kuddel, wi *blieft*: de Ol mokt all Witzen!«

Weet ji nix von Hein Godenwind af?

Storm op See!

Bi Hirtshals wardt kniepen. De Hamborger Kuff »Diamant«, de no Kopenhogen rop will, kannt nich mehr god moken. Se will nich mehr stürn un licht dwars in de See mit tweite Seils. Do holt de Ol de Papiern rut un gifft jeden sien Deel: de Bestmann kriegt de Musterroll, de Jung den Borgerbreef, he sülbst beholln de Schippspopiern. Mehr lett sik nich don! Geruhig teuft se op de See, de jem öber Bord smitt.

Wo mag Hein Godenwind wesen?

Storm op See!

»Margret«, de Galjaß von Vegesack, hett beus to pulen. Schipper un Jung stoht dicht tohop un kiek sik an. Un de Schipper denkt: wör ik son Jungkerl as he, wo gern wull ik starben! Un de Jung denkt: harr ik Leben un Leef so genoten as he, de Froo un Kinner hett, wo gern gung ik in den Dot! Ober ik heff noch allns vor mi!

Weet keeneen wat von Hein Godenwind?

Storm op See!

Dree Mann op een Stück Holt: een Voder un twee Söhns! Wenn se blieft, is bloß noch de Mudder no! Wat stoht se fast, wat paßt een forn annern op, wenn een See ankummt! In Für un Flammen steiht dat for jemehr Seelen, dat se nich blieben dröft, dat se wedder no Hus komen möt! De Ewer is old, de Seils sünd mör un de Elw is wiet weg! All dree hefft sik fastbunnen, dat se nich öber Bord speulen könt!

***

Wo is Hein Godenwind afbleeben?

Dor dümpelt Hein Godenwind, merden op See, merden in den Storm! Dat Woter um em rum kokt un he is wiet af, keen Schipp un keen Land is to sehn! De Jalk ward meist op den Kopp stellt un flücht dor rum, dat een Heurn un Sehn vergohn kann. Von vorn, von achtern un von de Siet neiht dat Woter öber Deck un Luken weg. As de Katt mit de Mus: ne, as de Leuw mit de Mus, so speelt de See mit de Jalk!

***

Nu wies sik dat ober ok ut, dat Hein Godenwind nich bloß lachen un smuggeln kunn, nich bloß singen un Lüd anfeuhrn un Räubergeschichten vertelln: dat he ok een woterdichten Seemann weur, de sik vor keen Wind un Storm to verkrupen bruk, wennt dorop ankeem, un de een Schipp ro regeern un to stürn wuß, – ganz egol, obt een moskitonsch Kriegsschipp oder een Sleepdamper oder een Vullschipp oder een Bark oder man een Jalk weur! – as sorr de Wikinger- un Störtebekertied keen Seekeunig wedder.

He weur lang nich so grot as anners, dor so ant Ror: so duk he sik, dat he de Brekers beter afmeuten kunn. Den Stürmann harr he fastbunnen, dat de em nich wegweihn kunn, as he sä: he sülbst heul sik an een ole Ked fast, de he glief losloten kunn, wenn wat posseern sull. As gralle Katten sprungen sien Ogen un leeten keen See un keen Seil, keen Tau un keen Boot ut de Krallen!!

»Stürmann, so geiht he god!«

Barbarossa weur ok wedder ganz ton Seemann worden. Ernst un wok stunn he op sien Posten un nu op eenmol feuhl he sien fehlen Arm wedder. He wuß, dat dat dor nu op ankeem, dat se utholln mussen, dat dat op Leben un Dot gung – un nu weur he nich mehr bang. He besunn sik, dat he all tweemol so wiet west weur, dat he sik ophangen wull: eenmol, as de Haifisch em den Arm afbeten harr, un –

öber dat tweete Mol snack he nich. Dat geef em nu ober doch Ruh un Stewigkeit.

»Jo, Hein, so geiht he god!«

Anna Susanna in de Kojüt zitter un beef: sowat harr se jo noch nich beleeft, ober de Seilmoker treust ehr un sä: bi Kop Horn weih dat noch ganz anners un nüms harr Angst dorbi un de meisten Scheep keemen ok all glücklich no Iquique rop.

In den Seilmoker weur ok de ole Janmoot wedder lebennig worden un he wuß mit eenmol wedder, dat de Seemann sien Heergott bloß eenen Dot schullig is, dat de Minsch bloß eenmol starben kann un dat he dat dorum as een *Meister* moken mutt, indem dat keenen Sinn hett, dor as Lehrjung oder Gesell to klötern un to klütern.

De Storm heul an: dat weih de ganze Nacht un den ganzen annern Dag noch eben so dull. De Jalk harr noch ehr beiden Stormseils un weur ok noch dicht. Un Hein Godenwind stunn noch getrost ant Ror, harr den Kopp noch boben un wuß sien Schipp noch jümmer in de Gewalt to holln.

De Stürmann leef ok noch.

An Slop dach keeneen von de beiden: eben, dat se een Stück Brot eten un mol Woter drunken, so in de Gangen mit weg.

Den tweeten Obend sä Barbarossa: »Hein, lot mi mol dat Ror kriegen, ked mi an un denn goh mol no binnen un slop mol. Ik will de Jalk woll holln! Twee Nachten kann de Minsch um de Ohrn slogen, denn mutt he ober mol wedder een Mund vull Slop hebben!«

»Stürmann«, reep Hein, »dat heff ik in Moskitonien utpreuft: wenn de Minsch mutt, denn kann he twee Nachten den Slop verkniepen, wenn he will, denn hollt he dat dree Nachten ut: wenn he ober *will un mutt*, denn kann he veer Nachten wok blieben!«

De Jalk harr den Kopp eben an den Wind un dreef stüttig no Nordosten rop.

»Wenn wi Schogen nich fot kriegt, denn sust wi forts no Spitzbargen rop«, reep Hein, »dor könt wi denn jo Walfisch griepen!«

***

Binnen harr de Seilmoker sien Harmoniko herkreegen un speel Anna Susanna sien besten Leeder vor, un de See geef den Brummbaß dorto.

He weur wedder bi Kop Horn togangen un gung unner de Ogen von de scheune norrsche Deern mit de Stürbordwach no de Grotbramroh rop: de erst un de gaust an Bord! Ellen stunn opt Achterdeck un keek no em rop! Do muß dat Bramseil woll her, de Wind much so dull rieten, as he wull, un dat Schipp much soveel öberholn, ast Lust harr: de Seilmoker sung for dree un arbei for söben.

***

Gegen Middag weur de Storm noch slimmer worden. Hein kunnt kum noch godmoken: de Jalk wull koppheister scheeten. Do schäkel he den Draggen af un steek de ganze Ked ut as Stormanker! Dat hölp een beten: dat Schipp kreeg een stiebern Kopp un let sik nich mehr so dull dwars weg smieten. »Stürmann, wi hefft wunnen!«, reep Hein vergneugt, ober de Stürmann sä: »Wenn de Ked nich brickt oder wi dat Land nich to noh komt!«

Obends flau de Wind ok all een beten af un dat weur een Spierken beter klüsen, wenn de See ok noch bald eben so groff bleef. Do schick Hein den Stürmann to Koje, de sik würklich nich mehr op de Been holln kunn, un sä: he muß nu erst mol utslopen! »Un du, Hein?« »Ik kann noch woken, Stürmann!«

Hein bleef de Nacht alleen op Deck, paß op Seils un Seen, soch Land un Lichten un sung in den Storm rin. Mehrmols duken Lichten an de Kimm op, ober se gungen bald wedder ut Sicht.

Morgens, as de Stürmann wedder ut de Luk keek, reep he: »Meun, meun, Stürmann!« »Meun, Hein, na, du leefst jo noch!« »Den Deubel ok, Stürmann, nu markt een jo erst, wat leben heet! Hett mi ornlich Spoß mokt düsse Nacht! De Jalk is een großortig Seeschipp, dor könt wi getrost mit öbern Atlantik gohn!«

»Büs nich bang worden alleen?«

»Ne, Stürmann, dat Bangwarrn hefft mi vor veerunveertig Johr all afgewuhnt: dat lehr ik op mien olen Dog nu ok nich mehr! Holl di fast, Stürmann, dor kummt een grote See!«

Negteitens: Schipp in Not!

Dor dreef een Wrack op See.
Dree Dog vorher weurt noch een leiflichen ingelschen Dreemastschuner west mit geele Rohen un witte Nocken: nu weurt bloß noch een Wrack. De Storm harr mol mit de Hand öber Deck wischt, dat all dree Masten öber Bord gohn weurn.
Dor weurn Minschen op dat Wrack.
Dree Dog vorher harrn se noch Käppen, Stürmann, Kock, Seilmoker, Timmermann, Matros un Jung heeten un harrn twee Wachen utmokt un de halben harrn op de Back huseert un de halben op de Poop: nu weurnt bloß noch Minschen, arme, natte, meude, verklomte, hungerige Minschen, de sik opt Achterdeck tohop kropen harrn un sik dor fast heuln, wenn een Breker öber jem weggung.
Dree Dog vorher weurn se noch mit twolfen west, nu weurn se bloß noch mit fiefen. Merden twüschen jem seet de Froo von den Käppen mit een lütte Deern von acht Johr.
Wat reepen un winken de armen Minschen, as se toletzt een Schipp in Sicht kreegen! Un wat frein se sik, as dat Fohrtüch neuger keem! Wat weur dat forn Schipp? Wull dat jem retten un kunn dat jem retten bi dat swore Wedder un de hushoge See?
Angelsassen: jo!
Dat is *Hein Godenwind*, de dor anklüsen kummt, un wenn ji em noch nich kennt, denn lehrt em nu kennen!

***

De Seilmoker snack jüst mit Anna Susanna öber sien Drom: he harr sien ol Moder sehn un meen nu for gewiß, dat he starben muß. »Anna Susanna, ik krieg Moskitonien nich mehr to sehn, dat spör ik deep int Hart. Ober wenn ji nu henkomt un dat Geld kriegt: Anna Susanna, um mien Ruh int Graff sorg du dorfor, dat Hein allns wedder godmokt, wat he versehn hett, dat he all de Lüd betohlt, de he wat schullig bleeben is oder de he bedrogen hett, do dat, Anna Susanna! Kiek hier, dat is dat Register: ik heff allns opschreeben! Steck dat weg, Anna Susanna!«

Do keem Hein in de Koje rin un sä, wat los weur. Se mussen eben mol Schippsrot afholln. Un he hölp den Seilmoker in Öltüch rin! Anna Susanna kreeg erst mol een Ölrock um; so gung se erst mit an Deck.

To seggen weur dor nich veel.

Dat Wrack sehn se alltohop un dat de See dor bald all de Minschen raf holn dä, wenn keen Hölp keem, dat bruk jem ok nich erst vertellt to warrn. Un de olen Fohrnslüd seet dat sorr veertig Johr deep in de Seel, dat een Seemann den annern helpen muß un sullt ok op Leben un Dot gohn. Se harrn all dree all mol op son Wrack seeten un op Scheep lurt.

Se wulln de Minschen retten!

Geruhig un getrost gung Hein ant Wark: op em keemt an, dat wuß he, un he wull don, wat he kunn: wull sik sülbst tor Wog setten un droff ok sien olen Makkers nich schonen: dat gung nich anners: alleen kunn he dütmol nich klor warrn.

Erst schick he Anna Susanna no binnen, dat se sik een Ölbüx un Seesteebeln antrock – un se dät so gau, as se man kunn, ohn een eenzig Mol to lachen. Dat heet: Hein kunn dat Gucheln doch nich loten, as se sik noher in eenen rechten Seebor verwannelt harr.

He bunn ehr nu ant Ror fast un den Seilmoker sett he as een Kind in de Boot rin un bunn em op de Ducht fast un leg em den Reemen trecht.

Do heul he op dat Wrack dol! Wat steuf dat Woter ok doch noch un wat hul de Wind! Hein krüz in Lee von dat Wrack so dicht ran, ast man gohn wull vor de drieben Masten, mok mit den Stürmann gau de Boot klor, kreeg ehr in de Talje un sett ehr vont Deck raf, in de hoge Dünung rin. Denn sprung he gau no und stott af, dat he nich de Boot an de Jalk twei kreeg. »Stürmann, binn di fast!«, reep he noch no sien Schipp rop.

»Seilmoker, nu roon, wat du kannst!«

Un Hein un de Seilmoker fungen een Roonen op Leben un Dot an.

Op eenmol mok Anna Susanna een groten Larm un wies no dat Wrack: de See harr sik wedder een holt.

De Boot duk förchterlich op un dol: Hein meen jeden Ogenblick, se muß rundum falln: ober he roon, dat de dicke eschen Reem sik beugen dä, un reep jümmer wedder: »Seilmoker, dat geiht dorfor!«

Botz – sus de erste grote See över den Dollboom un mok de Boot half vull Woter! Geeten kunn Hein nich: man wieder, man wieder, dach he! De Boot harr Luftkissens, dat weur een ole Ymuider Rettungsboot, de Pieter Dekker mol billig for old ramscht harr: unnergohn kunn de nich! Hein, kiek ut, de Seilmoker is blind un kann nich sehn! Hein, roon, de Seilmoker is old un kann nich mehr veel!

»Seilmoker, wi drieft weg!«, reep he un smeet sik gegen den Reem, dat he em meist afbrok. De Seilmoker arbei, wat he kunn: do kropen se langsom neuger an dat Wrack ran un toletzt kreegen set ok fot! De Minschen weurn opsprungen un greepen no de Lien, de Hein jem hensmeet. He klau op dat Wrack un trock ok den Seilmoker rop: de Boot muß erst leddig goten warrn.

Dor holpen de Matrosen mit de Pützen bi, ober de Arbeit reet nich af, wenn se meenen, se harrn de Boot leddig, denn roll wedder een See över dat Wrack hen un se kunnen wedder von frischen anfangen. Un dorbi mussen se noch jümmer oppassen, dat de Boot nich koppzeis un dat se nich an den Schuner tweistott.

Hein harr de lütte Deern op den Arm nohmen un leet sik von den Ingelschmann de Leidensgeschichte vertelln!

»Wohrt jo! Wohrt jo!«

Ruuumms! Ruuuums! – brüll een groten Breker över den Achtersteven. Jedereen greep no dat, wat he jüst fot kriegen kunn un heul sik fast: as se ober wedder utkieken kennen, weurn se twee Mann weniger: een Matros *un de ol Seilmoker* weurn weg!

»Seilmoker! Seilmoker! Seilmoker!«, reep Hein un leep von een Eck no de anner, ober all sien Kieken un Ropen hölp em nix: dor keem keen Seilmoker un keen Matros wedder boben – un so losschippern un seuken kunn nich helpen: de Boot weur ok wedder ganz vull Woter.

Hein droff nich mehr an den Seilmoker denken: he muß sehn, dat he mit de Minschen von dat Wrack rafkeem, dat jeden Ogenblick wegsacken kunn.

Se geuten wedder dat Woter ut.

Denn teuf Hein een flauen Windstreek af un pack all de Minschen in de Boot rin, so gau as dat gohn wull. De Käppen wull op sien Schipp blieben, ober Hein kreeg em bi den Wickel un stopp em bi de annern rin. »Du Hansnarr«, sä he to em, »hier ward nich no de antike Mod storben, hier ward no *German manner* wieder leeft!«

Nu gungt los mit de Boot, – wat weur dat for een Fohrt! De Jalk weur wiet wegdreeben. De Seen gungen stüttig öber de Reeling hen un dree Mann harrn jümmer to geeten, dat se man noch utkeeken. De Froo sack um un muß von ehr Mann op den Schot nohmen warrn. Hein roon un roon un treust un treust!

As se de Jalk toletzt fot kreegen, stunn dor bloß noch Anna Susanna ant Ror: de Stürmann weur ok weg as de Seilmoker. Vullicht harr desülbige grote See em ok vont Ror reeten!

Hein hölp de Lüd op de Jalk rop – dat weur nich so eenfach, as sik dat hier henschrieben un aflesen lett! – dor gung Tied op hen un geföhrlich weurt ok: ober Hein kreegt doch klor.

He bunn Anna Susanna vont Ror los un schick ehr mit de Lüd dol, dat se in den Dreugen keemen, wat to eten un to drinken kreegen un denn to Koje packt worrn.

He sülbst ober stell sik wedder ant Ror un stür wieder. Un keek öber See un soch sien Stürmann un sien Seilmoker.

»Hein, ik will nich weenen un mutt dat doch«, sä Anna Susanna to em, as se mol utkeek.

Hein drück ehr de Hand.

»Un ik will weenen un kannt nich«, sä he.

As dat noher beten stiller worr, smeet he dat Ror rum un klüs op de Elw to.

Twintigstens: No den Storm

To Kuxhoben geef dat een groten Oplop, as de »Admirol von Hamborg« mit halfstocken Flagg in den olen Hoben keem un Hein Godenwind de veer ingelschen Lüd an Land sett. De Kai weur swart von Minschen: all de Schippers un Bodgäst un de Moriners keemen anlopen un wulln den Admirol sehn.

Hein leet sik ober nich sehn: as he von den ingelschen Konsul trück weur, pack he sik in sien Koje, trock de Schufdörn to un sä to Anna Susanna: »Nu will ik erst mol dree Nachten noholn, mien Deern, ik bün doch temlich meud! Vullicht, dat ik ok den Seilmoker un den Stürmann nochmol in den Drom to sehn krieg!«

Anna Susanna gung in ehr Department un leg sik ok dol.

Buten ober, dor dreef de Hobenrunn de neeschierigen Lüd vont Deck raf un sä: »Hein Godenwind hett dree Dog un dree Nachten nich mehr slopen, Lüd! Lot em utslopen! Ruh for den Admirol von Moskitonien!«

***

»Hest all lest, Viet?«

»Wat, Vadder?«

»Dat von Hein Godenwind! De ganzen Zeitungen stoht vull von em! Na, hier, les man sülbst!«

Dormit geef Viet Breckwoldt sien Söhn de Zeitung röber, de he all in de Bohn lest harr.

»Gottsverdori, de Hein Godenwind!«

»Nich wohr: dat is wat? Hoch klingt das Lied vom braven Mann, mien Jung! Weest du nu wat? Du nimmst dat Geld un settst di glick in den Kuxhobener Morgentog, ehr de Admirol wedder no See hengeiht!«

»Gern, Vadder: ik weet nich, wat ik leeber dä!«

***

Hein Godenwind seet mit Anna Susanna tohop in de lütte Kambüs an den Disch un drunk Kaffe.

Snackt harr he noch nich veel un ehr weur dat Hart ok noch veel to swor.

»No Moskitonien komt wi nu fort erst woll nich, mien Deern! Alleen könt wi dat nich wogen! Wi wöllt uns man so bi lütten de Elw ropschippern un de Jalk wedder bit Swiensand to Draggen leggen. To eten hefft wi jo noch genog: vullicht is Haharm ok wedder dor, un ik kann mit em fischen un trecken as do!«

Se seeten dor noch so: do keem de junge Breckwoldt in de Kojüt rin un sä: »Goden Dag, Herr Admirol!«

»Süh, Herr Breckwoldt! Goden Dag! Ok beten hier mit jon Lustkutter?«

»Ne, Herr Admirol, ik komm mit de Bohn von Hamborg. De ganzen Zeitungen stoht jo vull von jon Fohrt un von de Lebensrettung!«

»Dat hett wieder nix to seggen«, sä Hein geruhig, »dat harr jede Seemann an mien Stell ok don; dor wöllt wi nich wieder öber snacken, Herr Breckwoldt!«

»Herr Admirol, wöllt ji mi mol een Ogenblick to Word komen loten? Ik komm von wegen jon Pangschon! Dat is so: Moskitonien hett de Schecks jümmer schickt, bloß ji hefft se sorr dree Johr nich mehr to sehn kreegen. De Ministersöhn, de Muschi Lopez, den Vadder jo de ganzen Konsulotsgeschäften anvertroot harr, hett jem eenfach all for sik verbrukt un all, wat doröber schreeben worden is, hett he in den Oben steeken.«

Hein bleef ganz geruhig.

»Nu kiek son Windhund an«, sä he, »ober de Appel fallt nich wiet von den Droschkengaul: de Ol in Moskitonien docht ok nich veel!«

»He hett dacht: ji harrn jo Geld genog un marken dat gornich, Herr Admirol!«

»Jo, dat heurt woll all meist mit to den Hamborger Utrop, dat Hein Godenwind op een Sack vull Geld sitt!«

»Wo dat rutkomen is? As all so wat an den Dag kummt: dorch den Tofall. Lopez worr krank un in de Tied keem jüst wedder een Scheck for jo an. Dor hefft wi den Moskiter gliek vort Brett kreegen un do hett he denn ok allns ingestohn. De Minister hett gliek kobelt, dat he allns betohln dä: do hefft wi em lopen loten. He is nu all no Neejork unnerwegens!«

»Fixen Ors vull harr he ober doch eegentlich hebben mußt«, lach Hein, »ik harr man dor west mußt, denn harr he dor nich von free komen!«

»Ik heff de twolfdusen Mark for de letzten dree Johr gliek mitbrocht, Herr Admirol«, sä de junge Breckwoldt un tell een Hunnertmarkschien no den annern op den Disch.

Anna Susanna worr dat vor de Ogen flimmern, ober Hein seet so geruhig dorbi, as wenn se em jeden Dag den Disch vull Hunnertmarkschiens packen dän. As op den Disch keen Platz mehr weur, sä he gemütlich: »Tellt man op den Fotbodden wieder, Herr Breckwoldt, nu wenn de vull is, denn man boben op Deck un op de Luken, dor is noch allerhand Platz.«

Anna Susanna ober seh ut, as wenn se jeden Ogenblick in Omdom sacken wull. Allns dreih sik um ehr rum.

Hein keek ehr mitunner von de Siet an un hög sik öber ehr.

As de junge Breckwoldt weg weur, muß se sik doch de Ogen utschürn mit den Ploten.

Do sä Hein:

»Anna Susanna, wat steihst du dor rum un deist nix? Hol den Bessen rin un uhl de Hunnertmarkschiens tohop!«

***

Wi sünd Matthäi am letzten.

Hein Godenwind seil mit sien Jalk an den hochhelligen Dag de Elw rop. Dütmol harr keeneen von de Schippers wat mehr to sticheln: wat he don harr, wuß all de ganze Woterkant, un dat weur ebensoveel un mehr, as wenn he no Moskitonien west wör.

Un sien Hamborger Flagg weih halfstock un trur um Stürmann un Seilmoker.

Anna Susanna wies Hein dat Register von den Seilmoker. »Jä«, sä Hein, »de Seilmoker, de sull nu woll drieben, dat se all jemehr Recht kreegen, de zeig mi woll toletzt sogor noch bi den Toll un bi de ingelsche Regeerung an! Oder he sä: mok een Stiftung, Hein! Ober de Stürmann, Anna Susanna: de sä gewiß: grote Dummheit, Hein! Un ik much ok woll seggen, mien Deern: grote Dummheit wört, wenn ik jem dat all int Hus broch! De Geld von uns to kriegen hett, kann jo komen unt sik holn!«

Anna Susanna dreef em öber, dat he wenigstens den Viez betohl.

Een Dag sä he to ehr:

»Deern, wat ist? Wöllt wi uns Plünnen tohop smieten? Old genog sünd wi jo eegentlich!«

»Smiet jem gern tohop, Hein, dicht genog tosom liggt se jo all sowieso.«

Un se gung hen un broch de Kortenleggersch een Doler extra un Hein pett sik mit de Popiern los un leet dat Opgebot to Schick komen.

***

Nu wohnt se wedder mit Veern op de Jalk: Hein hett sülbst wedder son lütt Stift gründt un twee ole Fohrnslüd, de nich leben un nich starben kunnen, an Bord opnohmen.

Opt Woter will he blieben un Anna Susanna will ok nich wedder in de Stadt wohnen.

Se seilt bald hierhen un bald dorhen op de Elw un dot, wat jem gefallt. Bloß, wenn se wat to timmern un to molen hefft, denn fehlt jem de Stürmann, un wenn se obends in de Schummeree op Deck sitt, denn fehlt jem de Seilmoker mit sien Harmoniko.

Hein is dorbi, sik dat Speeln to lehrn, ober he kann dor nich veel von kriegen.

Achterop: Hein Godenwind un Gorch Fock

Gorch Fock kaut op sien Posensteel rum, as harr he acht Dog nix mehr to eten kreegen, un socht no den rechten Annerthalfsteek for sien Seemannsgorn, as de Olsch mit de Lücht no de Metten.

In de Geschichten, de he lest hett, weur dat jümmer ganz nüdlich mokt mit den Sluß: op de letzt Siet krempel de Kerl geweuhnlich sien Buscheruntje op un reep: »Mudder, wi hefft twee gesunne Arms an dat Lief un könt noch arbein!« – un denn röter de Vorhang dol.

Ober dat will em hier doch nich recht herpassen! He grübelt un kaut wieder un schrift toletzt:

»As de Moon noher grot un rot opgung, sett Hein Godenwind de Harmoniko still in de Eck un gung vergneugt un poggenlustig mit sien Anna Susanna to Bett...« ... mit een Mol steiht Hein Godenwind ober vor Gorch Fock un roppt: »Nu legg ober bald Törn, Gorch, sünst schrifst du vullicht noch: obgleich die Hochzeit erst in zehn Tagen sein sollte!«

»Hein, wat sull ik dat schrieben? Dat geiht jo nüms wat an!«

»Dat meen ik ok, Gorch! Na, denn puß dien Licht man ut!«

Un Gorch Fock steiht op un pußt sien Lantüchte ut.